KB091890

인류사를
가로지른
스마트한
발명들
50

인류사를 가로지른 스마트한 발명들 50

초판 1쇄 발행 2014년 6월 10일 ＼**초판 4쇄 발행** 2017년 9월 10일
지은이 알프리트 슈미츠 ＼**옮긴이** 송소민
펴낸이 이영선 ＼**편집 이사** 강영선 ＼**주간** 김선정 ＼**편집장** 김문정
편집 임경훈 김종훈 하선정 유선 ＼**디자인** 김회량 정경아
마케팅 김일신 이호석 김연수 ＼**관리** 박정래 손미경 김동욱

펴낸곳 서해문집 ＼**출판등록** 1989년 3월 16일(제406-2005-000047호)
주소 경기도 파주시 광인사길 217(파주출판도시) ＼**전화** (031)955-7470 ＼**팩스** (031)955-7469
홈페이지 www.booksea.co.kr ＼**이메일** shmj21@hanmail.net

ISBN 978-89-7483-664-1 03900
값 14,900원

이 도서의 국립중앙도서관 출판시도서목록(CIP)은 e-CIP 홈페이지(http://www.nl.go.kr/ecip)에서
이용하실 수 있습니다.(CIP제어번호: CIP2014015827)

Die 50 bahnbrechendsten
Erfindungen

인류사를 가로지른 스마트한 발명들

알프리트 슈미츠 지음
송소민 옮김

불, 바퀴, 수학, 컨베이어벨트… 이 놀라운 발상들은 우리 삶을 어떻게 바꾸었나

서해문집

차례

01 ﹥

도구

선사시대 주먹도끼가 망치가 되기까지

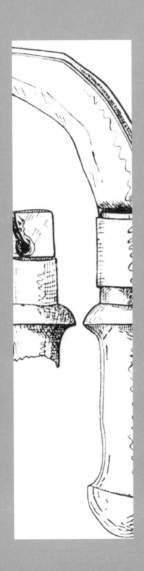

인류는 자연에서 최초의 도구를 얻었다. 단단한 막대기는 사냥 도구로 쓰고, 무거운 돌은 무언가를 두드리는 데 사용했다. 이 원시도구들은 이후 개량에 개량을 거듭했다. 오늘날 우리가 아는 망치와 손도끼는 약 150만 년 ~ 200만 년 전에 발명된 주먹도끼에 기원을 둔다.

≫ 건축 자재 시장에 가보면 한 번에 다 둘러볼 수 없을 만큼 다양한 도구들이 있다. 가내 수공업자와 전문가들은 저마다 특수 도구들을 사용한다. 반면에 석기시대 우리 조상들의 작업장은 소박한 장비들만을 갖추고 있었다. 그들은 다양한 용도로 사용할 수 있는 만능 도구들을 사용했다. 현재 우리가 쓰는 많은 도구들은 선사시대에 기원을 둔다.

도구의 역사는 약 240만 년 전에 시작되었다. 당시 우리 조상들은 사냥과 채집을 했다. 사냥한 야생동물을 죽인 후, 고기는 씨족의 일원들과 나누어 먹고, 가죽으로는 몸을 따뜻하게 보호할 수 있는 옷을 만들었다. 이 일들은 맨손으로 할 수 없었다. 사냥 무기, 자르는 도구, 망치 같은 보조 도구가 필요했다. 이때 자연에서 쓸모 있는 물건을 많이 구할 수 있었다. 예를 들어 자갈 속에서 찾을 수 있는 적당한 돌은 간단한 망치 역할을 했다.

IDEA

원시인이 쓰던 가장 획기적인 도구의 하나가 낫이다. 낫을 만들 때는 자작나무 역청을 접착제로, 흑요석 광물 파편을 날로 썼다. 낫은 농업에서 사용된 도구다. 때문에 낫은 인류가 유목생활을 접고 한곳에 정착해 농사를 지었다는 역사적 증거로 통한다.

가공해서 만든 가장 오래된 도구는 주먹도끼로 알려져 있다. 주먹도끼의 사용은 약 150만 년에서 200만 년 전으로 올라간다. 주먹도끼에는 둥그스름하고 손에 딱 잡히는 머리가 있고, 밑부분으로 내려올수록 끝이 뾰족하다. 주먹도끼는 다지고, 썰고, 깎고, 두들기는 등, 여러 용도로 사용되었기에 '석기시대의 맥가이버 칼'이라고도 한다. 더욱 섬세하고 세밀함이 요구되는 절단 작업에는 주로 흑요석이 사용되었다. 흑요석은 화산이 폭발할 때 내부에서 분출되어 나온, 녹은 유리질이 굳어진 화산암이다. 유리 성분의 흑요석을 가르면, 살점과 가죽을 자르

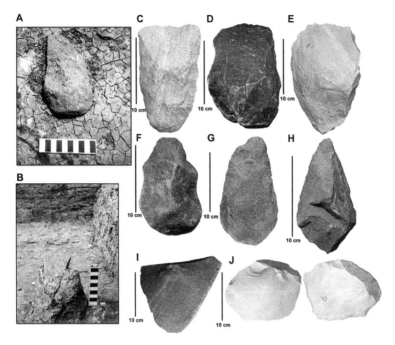

미국 텍사스 발굴 현장에서 발견된 석기시대의 다양한 도구.
여러 형태로 보아 다양한 작업에 사용되었다는 사실을 알 수 있다.

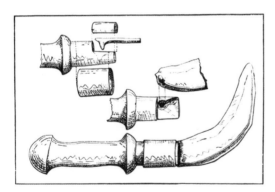

청동기시대의 동근 낫. 이 낫은 여러 가지 개별 부속품으로 제작되었다.
당시 낫을 다양으로 제작할 때 이미 거푸집을 이용했다.

는 데 적합한 날카로운 날을 얻을 수 있었다. 날카로운 흑요석 파편은 뾰족한 창 끝부분으로도 쓰였다. 석기시대 만능 접착제인 자작나무 역청으로 흑요석 파편을 적당한 막대기에 붙여 사용했다.

청동기시대에 들어와 구리 녹이는 법을 알게 된 인류는 금속으로 망치 머리와 손도끼 날을 만들었다. 수메르인, 그리스인, 로마인들은 도구 제작 기술을 비약적으로 발전시켰다. 원시시대와는 달리 고대 수공업장에는 엄청나게 다양한 특수 도구들이 있었다. 도구의 모양과 사용법은 고대 이후로 거의 달라지지 않았다. 고대의 망치와 집게 모양은 오늘날의 도구 모양과 거의 똑같다. 그런데 오늘날 공구함의 필수품인 드라이버는 17세기에 만들어졌다. 하지만 이 실용적인 발명품은 200년 후 금속 드라이버가 산업적으로 대량생산되면서 비로소 실제 사용이 가능해졌다

02

불

우연한 발견에서 라이터까지

불은 아마 번개의 형태로 지상에 내려왔을 것이
다. 원시인에게는 이 자연의 선물을 다스리는 일
이 큰 숙제였다. 불꽃을 다루는 법은 지상에서의
삶에 지속적으로 영향을 미쳐왔다. 그리고 긴 세
월이 흐른 뒤 1844년, 한 스웨덴인이 번쩍이는
아이디어로 실용적인 안전성냥을 발명했다.

≫ 현대인들에게 불이 없는 생활이란 상상조차 할 수 없다. 원시인들의 생활에서 불이 붙는 일은 자연에 의해 생겨났다. 번개가 내리쳐 나무에 화르르 불이 붙는 광경을 본 우리 조상들은 크게 놀랐을 것이다. 하늘에서 보낸 불을 활용할 수 있기까지 조상들은 불에 몇 번이고 머리카락을 그슬리고 화상을 입는 대가를 치러야 했다. 하지만 불은 원시인들의 삶을 완전히 바꿔놓았다. 빛과 온기를 주고 야생동물이 주거지에 접근하지 못하게 했다. 또 화덕에서 음식을 끓이고 고기를 구울 수 있었다.

고고학적 발굴을 통해 약 150만 년 전부터 호모에렉투스가 불을 다스려 사용했다는 것이 밝혀졌다. 인류가 언제부터 불을 피우는 법을 알았는지에 대해서는 여전히 논쟁이 진행중이다. 하지만 약 4만 년 전, 네안데르탈인이 부싯돌로 불꽃을 일으켜 불을 피울 수 있었다는 것은 확실해 보인다. 불을 피우는 데 필요한 열은 바닥에 놓인 나무토막 위에 가느다랗고 둥근 나뭇가지를 세게 누른 상태에서 두 손으로 빠르게 비벼 만들어냈다.

불에 대한 공포가 없어지면서 원시인들은 다양한 실험을 시작했다. 그러던 중 불이 붙은 나뭇가지로 주거지의 화덕에 불을 피우다가 횃불을 발견하기도 했다. 수지가 붙은 나무가 불이 더 잘 붙고 오래 탄다는 사실을 알아낸 것이다. 화덕에 동물의 기름을 떨어뜨려도 수지와 같은 효과가 난다는 것도 발견했다. 그것은 최초의 수지등잔과 기름등잔을 만들기 위한 시작이었다. 기원전 2만 년경에 최초의 기름등잔이 있었다. 발굴을 통해 로마시대에 기름등잔이 이미 다양한 형태로 제작되어 대량생산되었다는 사실이 입증되었다. 최초의 초는 기원전 500년경에 나왔다. 우리가 오늘날 알고 있는 밀랍 초는 서기 1~2세기에 개발되었다.

불을 피우는 일과 관련된 중요한 발견 중 하나는 1669년 독일의 약사이자 연금술사인 헤니히 브란트Hennig Brand의 발견이다. 브란트는 소변을 증발시켜 불이 쉽게 붙는 백색 인을 발견했다. 하지만 성냥에 인을 입히기까지는 거의 150년이 걸렸다. 1805년 프랑스인 장-루이 샹셀Jean-Louis Chancel 이 나무토막 끝에 칼륨 염소산염과 유황 혼합물, 그리고 물질이 더 잘 붙도록 설탕과 아라비아고무 혼합물을 칠해야겠다는 아이디어를 떠올렸다. 이 최초의 성냥은 황산에 담그면 불이 붙었다. 때문에 샹셀은 '담그는 성냥'이라는 이름을 붙였다. 영국의 존 워커John

1871년경, 런던의 공장제 수공업장에서는 여전히 맨손으로 성냥을 만들었다. 노동자들 대부분은 여성과 어린이들이었다.

Walker 역시 같은 혼합물로 성냥을 만들었는데, 이때 사포를 성냥의 마찰 면으로 활용했다.

1830년에 프랑스의 화학자 샤를 사우리아Charles Sauria가 점화 물질로 다시 한 번 백색 인을 사용했다. 그가 만든 성냥은 어디에든 갖다 대고 살짝 스치기만 해도 불이 잘 붙었다. 그 때문에 그의 성냥은 매우 위험했다. 그 밖에 인은 매일 만지는 작업자에게 심각한 질병을 일으키기도 했다. 1844년, 한 스웨덴인이 최초의 안전성냥을 시장에 내놓았다. 그는 안전성냥을 만드는 데 건강에 크게 해가 되지 않는 적색 인을 이용하고 성냥갑에 마찰면을 붙였다. 이것으로 현대식 성냥이 탄생했다. 인은 곧 유황으로 대체되었다.

편리함을 추구한 사람들은 라이터도 만들었다. 라이터는 부싯돌의 불꽃을 이용해 쉽게 발화되는 물질에 불을 붙이는 도구다. 주로 액상 가스 또는 벤진으로 조제된 발화물질이 통합된 작은 탱크에서 분출된다.

03

바퀴

태고의 발명이 세계를 움직이다

누가 바퀴를 발명했는지는 알려져 있지 않지만 바퀴가 없었다면 수많은 기술상의 성취들은 생각조차 못 했을 것이다. 자동차, 기차, 기계, 시계 등 곳곳에서 크고 작은 바퀴들이 돌아가며 모든 움직임에 필요한 동력과 회전을 일으킨다. 바퀴가 달린 수레를 묘사한 가장 오래된 그림은 기원전 4000년경에 나왔다.

≫ 불을 다스리는 일과 마찬가지로 바퀴도 발명한 사람을 정확히 알 수 없는 매우 오래된 발명이다. 바퀴의 발명은 일상생활과 인류의 진보에 결정적인 영향을 주었다. 바퀴만큼 세상을 크게 바꾸고 움직인 발명품도 찾아보기 힘들다. 바퀴와 타이어로 세상을 움직이게 할 수 있다는 사실을 알기 전에는 썰매를 이용했다. 1년 내내 눈이 덮인 지역에서는 오늘날에도 썰매가 효율적인 운송 방법이다. 하지만 눈과 얼음이 없으면 썰매의 활주 저항이 너무 커진다.

원시시대 사람들은 잔가지를 제거한 나무줄기가 비탈과 언덕에서 잘 굴러가는 것을 보고 바퀴를 생각해냈을 것이다. 이 단순한 인식에서 더 나아가 나무줄기로 만든 도르래로 부피가 큰 짐을 들어 올릴 수 있다는 것도 알아냈다. 그렇게 해서 매우 무거운 짐도 잡아당기거나 밀어서 쉽게 움직일 수 있었다. 이 운송 방법은 특히 수많은 사각형 석재를 운반해야 했던 이집트 피라미드 건설 현장에서 그 효과를 입증했다. 한 무리의 일꾼들은 사각형 돌을 밧줄로 잡아당기고, 다른 무리의 일꾼들은 나무 굴림대를 쉬지 않고 앞으로 놓는 일을 맡았다. 이러한 운송 방식을 위해 특별히 닦아놓은 길에서 거대한 굼벵이처럼 느릿느릿 나아갔다.

이집트 덴다라Dendara 사원에서 나온 고대의 제사 관련 물품. 제사 물품인 줄 모른 후세대들이 맷돌로 이용했던 것으로 추정된다.

이 롤러 운송 방법은 오늘날에도 여전히 이용된다. 공항의 짐 운반 벨트 또는 병 속에 내용물을 채우는 컨베이어 롤러 시스템에서 비슷한 원리를 이용한다.

다시 과거로 돌아가보자. 사람들은 나무줄기 굴림대를 토막으로 잘게 자르려는 생각을 하면서 발전의 중요한 한 걸음을 더 내딛었다. 절단한 나무줄기 중앙에 바퀴통을 뚫고 그 속에 끼운 작은 나뭇가지를 축으로 삼아 단순한 두 바퀴 손수레를 만들었

살이 달린 바퀴가 새겨진 캄보디아 앙코르와
트의 석조 양각. 살이 달린 바퀴는 기원전에
이미 쥐수레와 전차 제작에 이용되었다.

다. 활주 저항이 적은 손수레로 힘을 많이 들이지 않고도 큰 짐을 움직일 수 있었
다. 이 나무 손수레는 당시로서는 어마어마한 진보였다. 기원전 4세기 당시 그림
을 보면 이미 네 바퀴 달린 손수레가 있었음을 알 수 있다. 무거운 통나무로 된
인류 최초의 바퀴는 한동안 계속 이용되었다. 그러다 기원전 2200~800년경 청
동기시대에 들어와 인류는 살이 달린 바퀴를 개발해냈다. 기존의 바퀴보다 무게
가 덜 나가는 이 바퀴는 표면이 고르지 않은 길에서도 잘 굴러갔다. 그리고 나무
바퀴에 편편한 금속 테를 둘러 또 한 번 개량을 이루어냈다.

기술이 발전할수록 더욱 질 좋은 바퀴를 제작할 수 있었다. 19세기에 들어서
자 바퀴 제작 기술은 산업시대의 새로운 요구에 맞추어야 했다. 사람과 화물의
대량 운송수단인 철도가 건설되면서 철로에 적합한 쇠바퀴가 필요해졌다. 자전
거와 자동차에 쓰는 바퀴는 초기에는 경화고무 바퀴였다가 후에 내부에 공기를
주입한 바퀴로 발전했다. 바퀴의 발명이 없었다면 근대와 현대의 수많은 기술상
의 성과는 없었을 것이다. 바퀴에 의해 비로소 기계가 돌아가고, 차량과 사람이
움직이는 데 필요한 동력이 생겼다. 그리고 기계 장치와 산업 분야에서도 바퀴
및 톱니바퀴 기술 없이는 실제로 아무것도 할 수 없게 되었다.

04

말과 글

소리와 문자에 의한 의사소통

짐승의 것과 다름없던 인간의 소리는 수천 년
에 걸쳐 복잡한 언어로 발전했고, 선사시대의 단
순한 낙서는 세계의 지식을 세대에 걸쳐 전달하
는 문자체계가 되었다. 서양 알파벳은 기원전 약
1500년에 기원을 둔다.

≫ 문자의 시작은 200만 ~ 300만 년 전으로 거슬러 올라간다. 문자를 만들기 전, 인류는 입으로 여러 가지 소리를 만들 수 있다는 것을 알아냈다. 선사시대에는 단순한 소리와 손짓을 통해 집단을 조정하고 이끌 수 있었다. 그리고 사람들은 불쾌함과 유쾌함, 두려움 등의 기분 상태를 원시적이지만 충분히 이해할 수 있는 방법으로 표현할 수 있었다. 이 초기 형태의 언어는 인류의 진화에 어마어마하게 중요했다. 초기 언어가 없었다면 인류는 생존하지도, 동물의 세계에 섞여들지도 못했을지 모른다. 언어를 통해 생존에 중요한 경험들을 씨족 일원들과 다음 세대에 전해줄 수 있었다. 인류학자들은 150만 년 전, 호모에렉투스가 이미 초기 형태의 언어를 사용했다고 본다.

초기 인류의 두 번째 진보는 자신들의 경험을 그림과 기호로 남긴 것이었다. 동굴 벽화에는 사냥 장면, 영웅적 행위, 자연현상 따위가 묘사되어 있는데, 이 그림들은 이후에 누구나 이해할 수 있는 기호로 이루어진 상징적 그림문자로 발전했다.

달의 낫, 활, 화살을 가진 작은 남자, 바닥에 쓰러진 짐승 다섯 마리는 한 남자가 밤에 활과 화살로 동물 다섯 마리를 사냥했다는 사실을 말해준다. 즉, 그는 씨족의 식량을 마련한 영웅이다.

또한 이 그림문자는 매우 복잡한 상황도 묘사할 수 있는 기호체계로 발전했다. 고대 이집트인들은 고도로 발달한 상형문자를 사용했다.

하지만 복잡한 고대 이집트의 상형문자로는 글을 빨리 쓸 수 없었다. 가능한 빨리 글을 쓰기 위해 문자는 점점 더 추상화되었다. 알파벳은 기원전 1500년경에 시리아의 고대 도시 우가리트에서 생겨나 다른 나라와 문화권에서도 표준이

이집트인들은 기원전 2세기에 이미 상형문자를 사용했다. 이 벽화는 람세스 6세의 묘석에서 나온 것이다.

되었다. 언어는 각기 서로 다른 소리지만, 한정된 소리로 구성되어 있다는 인식이 알파벳 발전의 기초였다. 사람들은 음악의 음계처럼 각각의 소리에 기호를 만들어, 상징에 의한 문자 형태로 표현했다.

1839년, 프랑스인 루이 브라유Louis Braille는 특수한 문자를 고안했다. 그는 어린 시절에 사고로 눈이 멀었는데 자신이 더는 글을 읽을 수 없다는 사실을 받아들이고 싶지 않았다. 브라유는 알파벳 철자와 숫자를 점으로 표현할 수 있는 체계를 만들었다. 그리고 손으로 더듬어 읽을 수 있도록 그 점들을 도드라지게 인쇄했다. 1850년, 이 맹인용 문자가 프랑스 맹인학교에 공식적으로 도입되었다.

친구, 지인, 친척에게 새해 인사로 최고의 기원을 담은 중국의 행운의 부적. 중국의 글자가 적힌 띠가 뚜렷하게 보인다.

　　문자의 전파에는 해양민족 페니키아인들이 큰 역할을 했다. 알파벳을 받아들인 그리스인들은 아직 존재하지 않던 모음을 덧붙였다. 로마인들은 그리스인의 알파벳을 자신들의 고유한 알파벳으로 발전시켰고, 그것을 오늘날 우리도 사용하고 있다. 중국의 문자는 여전히 기원전 1000년경에 생긴 상형문자에 의지하는 부분이 있다. 800년이 지난 후, 문자의 통일이 이루어지면서 중국 사람들 대부분이 글자를 읽을 수 있게 되었다.

05

수학과 수체계

손가락 열 개로 시작하다

가장 간단한 계산은 인류의 존재만큼이나 오래
되었을 것이다. 수를 다루는 일은 인간 사고의 모
든 영역에서 중요한 독자적 학문으로 발전했다.
1522년, 아담 리제가 실용적인 아라비아숫자를
들여와 까다로운 로마 수체계를 몰아냈다.

교환무역을 시작하면서 수체계가 필요해진 인류는 셈의 수단과 수의 상징을 고안하기 시작했다. 그래서 지금으로부터 약 30000년 전에 간단한 수학 형태가 도입되었다. 사람이 5 단위 또는 10 단위로 계산하기를 가장 좋아하는 이유는 손가락 때문이다. 십진법 체계는 우리 열 손가락에서 나왔다. 인류는 날짜를 오래 남기기 위해 뼈에 눈금을 새겼다. 체코의 발굴 현장에서 발견된, 날짜가 새겨진 뼈는 기원전 3만 년경의 것으로 추정된다.

잉카인들이 16세기까지 사용한 수체계는 십진법의 매듭문자에 기초를 두었다. 엮어 짠 줄의 다양한 위치에 있는 매듭들이 일정한 수의 값을 가졌다. 잉카인들은 이 수체계를 기원전 2500년경에 고안했다. 기원전에 이집트인들은 상형문자로 계산을 했다. 수메르인들은 고도로 발달된 설형문자 상징을 이용했으며 1자리 수, 10자리 수, 100자리 수의 자리값 체계를 가지고 있었다. 로마의 수체계는 그리 일목요연하지 않았다. 철자 I 가 1을 뜻하고, V는 5, X는 10, L은 50, C는 100, D는 500, M은 1000이었다. 일부 수의 값은 매우 길어서 한눈에 알아볼 수 없는 경우도 있었다.

여전히 로마숫자로 무역을 하고 계산을 하던 시대에서 "U를 X라고 속인다" (말도 안 되는 거짓말로 속인다는 뜻으로 확장됨. 우리식으로 하면 "콩을 팥이라고 한다" – 옮긴이)라는 개념도 유래했다. 여기서 U는 물론 알파벳 철자가 아니라 로마의 수 상징 V을 뜻한다. V의 끝을 아래로 길게 연장하면 X가 되었다. 즉 5에서 10이 되는 것이다. 이런 식으로 계산서와 증서를 아주 간단하게 조작할 수 있었다.

경제 및 학문의 발전과 더불어 수의 세계도 끊임없는 발전 과정을 겪었다. 자연에서 일어나는 과정을 이해하려면 복잡한 계산이 필요했다. 고대 철학자들은

16세기의 목판화에서 체계적으로 매듭을 지은 줄들의 형태로 된 수의 목록, 귀족을 가진 잉카인을 볼 수 있다.

그리스의 수학자이자 철학자 피타고라스는 기하학 및 산술 계산만 행한 게 아니라 소리와 음도 수체계로 정리하려 했다.

뛰어난 수학자들인 경우가 많았다. 기원전 6세기의 그리스 철학자 피타고라스는 당대에 가장 명석한 사람이었다. 그는 수학 계산과 기하학적 설명으로 자연현상에 대한 단서를 얻으려 했다. 피타고라스 이론 중 많은 부분이 오늘날 수학의 기본 지식을 이룬다. 가장 중요한 숫자 중 하나면서 눈에 보이지 않는 '0'은 피타고라스의 정리보다 좀 더 늦게 나왔다. 0은 5세기에서야 비로소 인도에서 사용되기 시작했다. 0을 사용하면서부터 큰 수의 값을 복잡하지 않게 표현할 수 있게 되었다. 계산의 천재 피타고라스 외에도 수많은 위대한 수학자들이 수의 세계에 족적을 남겼다. 그중 '현대 수학의 아버지'라 불리는 아담 리제Adam Riese(1492~1559)는 1522년 까다로운 로마 수체계를 치워버리고 인도-아라비아 지역에서 유래한 숫자를 중부 유럽에 도입한 장본인이다. 그 작업의 기초는 리제의 저서《선과 펜에 의한 계산Rechenung auff der linihen und federn》이었다.

06

가축

양식으로, 옷으로, 파수꾼으로, 그리고 친구로

개는 사람의 가장 충직한 친구이자 가장 먼저 가축화된 동물이다. 원시시대 유목민들은 사냥에 동반할 목적으로 늑대를 길들였다. 우리가 사랑하는 집고양이는 이집트인들의 유산으로, 기원전 2000년경에 이미 쥐를 잡는 경찰관 역할을 했다.

≫ 독일의 애완용 고양이는 650만 마리에 이른다. 독일에서 고양이는 개를 약간 앞질러 사랑받는 애완동물 1순위 자리를 차지한다. 고양이와 개 모두 가축화된 지 오래되었지만, 때때로 야생 습성을 드러내기도 한다. 특히 사냥 충동에서 야생성을 강하게 드러낸다. 독일어로 가축화^{domestizierung}라는 단어는 '집'을 뜻하는 라틴어 '도무스^{domus}'에서 유래했다. 사람과 고양이의 친밀한 관계는 4000년 가까이 유지되어왔다. 고대 이집트인들은 집에서 누비아산 황회색 고양이를 길렀다. 이 야생 고양이 종이 현재 집고양이의 원조로 알려져 있다. 이집트인들은 식량을 갉아먹는 쥐를 몰아내고 곡식 창고를 지키는 파수꾼으로 고양이를 이용했다. 이를 고마워한 이집트인들은 고양이를 귀족 신분으로 추켜세우며 신격화하기까지 했다.

사람이 길들인 최초의 야생동물은 개다. 개도 고양이와 마찬가지로 이집트인들에게 좋은 대우를 받았다. 지금부터 1만 5000년 전부터 2만 년 전까지 사람과 늑대 사이에 최초의 친근한 관계가 만들어졌다고 한다. 몇몇 학자들은 이미 1만 년 전에 인간과 개와의 밀접한 관계가 시작되었다고 본다. 늑대 무리가 유목민족에 합류하게 된 것은 사람들 가까이에서 손쉽게 먹이를 얻을 수 있었기 때문인 것으로 추측된다. 늑대 무리들은 유목민족이 이동하면서 남기고 간 쓰레기를 먹고 살았을 것이다. 이를 통해 짐승들은 사람에 대한 본능적 공포를 상실해갔다. 또한 초기의 사냥꾼과 채집꾼들이 어린 늑대를 기르다 공동체

고대 이집트에서 나온, 끈으로 묶어놓은 고양이 미라와 재칼 미라.

에 받아들였을 가능성도 있다. 떼를 지어 다니는 습성을 지닌 늑대는 씨족 및 부족 사회를 이루어 사는 인간 공동체에 쉽게 적응했을 것이다. 인간에게 길들여진 늑대는 뛰어난 후각과 타고난 사냥 본능으로 사람들에게 큰 도움이 되었다. 이들은 파수와 방어에 쓰였다. 길들여진 늑대도 사람과의 관계에서 얻는 것이 많았다. 인간에게 먹이를 받아먹고, 거친 자연 속에 있을 때보다 안락한 잠자리를 얻을 수 있었다.

오늘날 집에서 기르는 개가 어떻게 다양한 종으로 발전했는지는 자연사의 수수께끼다. 하지만 개가 늑대에서 유래했다는 사실만큼은 확실하게 증명되었다. 개의 종류는 오늘날 약 400여 종에 이르는데, 많은 경우 인공 배양 또는 교배를 통해 생겨났다.

개와 고양이 외에 말도 현대인들에게 사랑받는 동반자다. 사람들은 말을 가축으로도 쓰지만 특히 '스포츠 도구'로 유용하게 활용한다. 야생마는 사람이 늑대를 길들이던 단계에서는 순전히 잡아먹히는 동물이었다. 그러다 기원전 5500년경, 타는 용도와 짐을 싣는 용도로 말을 유용하게 쓸 수 있다는 것을 알게 된 사람들이 말을 길들여 사육하기 시작했다. 소, 닭, 양은 기원전 1만2000년부터 우유, 달걀, 고기, 양털을 주는 동

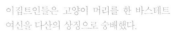

이집트인들은 고양이 머리를 한 바스테트 여신을 다산의 상징으로 숭배했다.

물로 기르게 되었다. 특정 목적에 따라 비교적 작은 동물들도 가축화되었다. 기원전 3000년 전에 이미 달콤한 꿀을 얻기 위해 벌을 기르는 양봉 직업이 존재했다.

07

배와 보트

통나무배에서 거대한 컨테이너까지

오늘날에는 초대형 유조선이 대양을 누비고 다닌다. 대형 여객선은 수천 명에 이르는 승객에게 편안함과 호사로움을 제공하는, 물 위를 떠다니는 도시다. 항해는 약 4만 년 전에 시작되었다. 당시 사람들은 나무줄기를 잘라 속을 파내 배를 만들었고, 이 배를 타고 물고기를 잡으러 다녔다.

항해는 원시시대부터 시작되었다. 많은 물리학적 발견이 그렇듯 항해 역시 우연에서 시작했다. 우리 조상들은 나무가 물에 둥둥 떠다닌다는 사실을 확인했다. 이를 통해 기원전 4만 년경에 속을 파낸 나무줄기로 최초의 배를 만들어 물고기를 잡을 때 이동수단으로 썼다. 통나무배를 움직이는 힘은 사람의 근력이었다. 최초의 노 젓는 거대한 배는 기원전 3000년경 중국에서 건조되었다. 지중해 부근의 고대 문명권에서도 근력을 이용해 노를 저었는데, 대부분 노예들을 부렸다.

기원전 1500년경, 이집트인들은 돛대가 있는 배를 만들었다. 활대에 고정시킨 장방형의 돛을 돛대에 달아 바람을 추진력으로 이용할 수 있게 되었다. 이러한 이집트인들의 지식을 기반으로 그리스인과 로마인은 배 제작 분야의 대가가 되었다. 이때 군사력 확장으로 인한 기술의 발전과 새로운 무역 활로 및 시장 개척의 필요성이 배 제작 기술을 발전시킨 추진력이었다.

같은 이유로 이후 수세기 동안 각 나라와 민족들은 저마다 더욱 새롭고 효율적인 배 개발에 힘썼다. 예를 들어 전설적인 중세 바이킹족들은 매우 빠르고 조종이 쉬운 배를 건조해 약탈과 정복에 나설 수 있었다. 중세 후기에는 한자동맹 시대의 코게 배(갑판이 좁고 가운데가 불룩한 유선형 선박 – 옮긴이)가 장거리 무역에 중요한 화물선으로 떠올랐다. 이 배는 80t~200t의 화물을 옮길 수 있었고, 속도는 3.5노트 ~ 6노트에 이르렀다. 코게 배의 장점은 적은 승무원으로 많은 화물을 운반할

로마의 노 젓는 갤리선 모형. 끝이 뾰족하고 긴 이물은 파도를 가르는 용도이자 전투 시 적함을 공격하는 충각의 역할을 했다.

15세기 당대의 삽화에서 전형적인 코게 배를 볼 수 있다. 코게 배가 한자동맹 도시 함부르크에 정박해 있다.

수 있다는 데 있었다. 돛을 단 배 범선은 유럽인들이 신세계를 발견하는 데 중요한 역할을 했다. 당시 해양 국가들은 대양의 패권을 두고 치열하게 경쟁했다. 스페인은 무적함대 '아르마다'를 건조하기 위해 이베리아 반도의 산림을 벌채했다. 각 나라의 거대한 범선들은 대양을 누볐다. 그중 가장 강력한 배는 대포 100대와 다양한 기능을 갖춘 전함이었는데 선체 길이가 약 70m에 이르렀다.

증기 기계의 발명은 곧 선박 건조에서 새로운 발전으로 이어졌다. 1807년, 미국의 로버트 풀턴Robert Fulton은 외륜 증기선을 타고 허드슨 강을 건넜다. 증기선으로 인해 범선은 전함 및 무역선의 의미를 점점 상실해갔다. 하지만 증기선도 초기에는 큰 결함이 있었다. 부피가 거대한 증기 기계 장치와 연료 적재물이 원래 화물을 실어야 할 자리를 차지해버린 것이었다. 이 문제는 효율적인 구조 개발을 통해 해결할 수 있었다.

제2차 세계대전 이후 나온 선박 대부분은 디젤기관으로 움직였다. 항공모함 같은 거대한 군함의 경우에는 증기터빈 추진 장치를 갖추는 경우가 많다. 증기는 원자로에서 생산된다. 1954년에는 최초의 원자력 추진 잠수함 '노틸러스USS Nautilus'가 완성되었다. 또 유명한 독일 탐사 화물선 '오토 한Otto Hahn'도 1964년부터 1979년까지 원자력으로 다녔다. 그래도 핵 기술은 중유 내연기관을 몰아낼 수 없었다.

석유 연료의 고갈을 우려하는 목소리가 커지면서 최근에는 대체에너지로 풍력이 다시 각광을 받고 있다. 대양을 다니는 거대한 컨테이너 선박들은 이미 중유 동력에 거대한 돛을 부가로 설치해 풍력을 이용한다. 이런 방식을 통해 석유를 크게 절약할 수 있다.

08

유리

어디에나 쓰인다, 심지어 우주망원경에도

지금까지 발견된 가장 오래된 유리 그릇은 기원 전 1450년에 만들어진 것이다. 르네상스 시대에는 베니스가 유리 제조의 중심지였고, 유리의 원료와 제조법은 철저히 비밀에 부쳐졌다.

≫ 유리 제조의 기원은 수메르 왕국으로 거슬러 올라간다. 인류의 획기적인 업적들 중에는 수메르에서 최초로 고안되고 제작된 것들이 많다. 유리 생산도 수메르에서 처음 시작된 것으로 보인다. 기원전 3500년경의 유물이 그 사실을 증명한다. 수메르인들에 이어 이집트인들이 유리 공예의 진정한 전문가로 부상했다. 이집트인들은 터키석이나 청금석 같은 보석을 색유리로 모조해냈다. 이 유리 모조품은 무엇보다 특히 의상에 다는 장신구로 애용되었고, 제작하는 데 시간이 매우 많이 소모되었으며, 또 수공 기술의 노련함도 많이 요구되었다. 이집트 수공업자들은 유리 그릇도 제작할 수 있었다. 기원전 1450년경 제작된 것으로 기록된 투트모스 3세의 유명한 유리 성배는 세계에서 가장 오래된 유리 그릇으로 통한다.

기원전 650년경에 아시리아의 왕 아슈르바니팔Ashurbanipal이 후세대를 위해 점토판에 유리 제조를 할 수 있는 기본 공식을 남겼다. "모래 60분, 미역 재 180분, 백묵 5분을 구하라. 그러면 유리를 만들 수 있다!"

거울 제조에도 특별한 숙련이 필요하다. 일찍이 기원전 1000년경 페니키아인들의 거울은 부족한 점이 많았다. 르네상스 시대에 베니스인들이 특수한 수은을 칠하는 방법을 또 한 번 발전시켜 뛰어난 효과를 얻을 수 있었다.

이어 그리스와 로마를 거치며 유리 수공업은 한층 발달했다. 기원전 5세기에 그리스 로도스 섬은 고대 유리 생산의 중심지가 되었다. 하지만 깨지기 쉬운 물질인 유리에 독특한 광택을 부여한 이들은 로마인이었다. 현대인들은 박물관에서 로마인들이 만든 종잇장처럼 얇으면서도 아름답기 그지없는 색유리 가공품들을 보고 감탄한다. 유리를 매우 많이 사용한 로마제국에서는 중요한 도시마다 유리 제조소를 세워 작은 병, 단지, 장식용 유리를 다량으로 제조했다.

다량의 유리 세공을 위한 중요한 발명은 기원전 200년경 시리아에서 이루어졌다. 유리제조관은 액체 상태의 유리 원료 덩어리를 입으로 불면서 형태를 잡아가는 제조방법에 쓰는 도구였다. 취관은 가늘고 긴 철제 관이었다. 관의 한쪽 끝에 열이 차단되어 입을 댈 수 있는 부분이 있고, 다른 한쪽 끝은 약간 두툼한 끝으로 마무리되어 있어 액체 유리 원료 덩어리가 붙어 있을 수

3세기 로마에서 제작된 양손잡이 단지. 로마인들은 유리 공예의 진정한 전문가였다.

있다. 이 도구를 가지고 실 무늬를 넣은 예술품을 만드는 데는, 물론 유리 부는 사람의 노련함과 수공예 재능이 중요했다.

로마제국의 몰락과 더불어 유럽의 유리 제조는 한동안 침체되었다. 11~13세기 무렵 중세 전성기에야 비로소 유리 가공 수공업이 다시 번성해서, 특히 베니스가 아름다운 유리 가공품으로 유명해졌다. 13세기에는 유리의 특별한 제조 방식을 숨기기 위해 유리 제조소를 무라노 군도로 옮겼다.

다른 수많은 유럽 지역에도 유리 제조소가 생겼다. 제조소를 세울 때 중요한 건 그 지역에서 가마를 뗄 나무를 구할 수 있는가 하는 것이었다. 그 때문에 독일

유리 생산에서 가장 중요한 도구는 유리를 부는 관이었다. 이 관의 발명으로 실 무늬를 넣은 유리 항아리를 제작할 수 있었다.

에는 슈페사르트, 슈비르츠발트, 튀링겐발트, 바이에른발트 등과 같이 숲이 우거진 중부 산림 지역에 유리 가공 제조소가 많았다. 당시에는 아직 면이 큰 유리판은 만들어낼 수 없었다. 그래서 가운데가 불룩한 원반 유리를 하나씩 납 조각으로 이어 붙여 큰 유리창으로 만들었다.

입으로 불어 유리 그릇을 만드는 기술은 오늘날까지 이어져오고 있다. 물론 상업 유리는 공장에서 압착해 만드는 경질 유리 형태로 제조된다. 유리 제품의 활용 범위는 매우 다양해서 병과 그릇만 유리로 제조되는 게 아니다. 얇은 유리 섬유는 전자 데이터 전송 시 전달 매체로 이용된다. 터치스크린은 얇은 유리 화면 밑에 전도체로서 젤 층이 있는 구조로 되어 있다.

유리는 오늘날 거의 모든 산업 분야에서 다양한 형태로 사용된다. 자동차에는

안전 유리가 사용되고, 다중 유리는 주택의 온기 유실을 막아주며, 세라믹 유리
판은 요리하는 데 쓰인다. 유리 물질은 또한 우주 기술을 위해서도 개발되었다.
유리와 세라믹 혼합물로 개발된 특수 유리는 우주 망원경과 전기레인지의 열판
으로 이용된다.

09

돈

행복하게 하지는 못해도 안심은 줄 수 있다

선사시대 경제생활은 물물교환으로 이루어졌
다. 하지만 무역이 폭넓게 발전함에 따라 다른 지
불수단이 필요해졌고, 동전과 지폐가 차례로 만
들어져 상업 활동이 크게 수월해졌다. 1950년,
최초의 신용카드가 등장하여 현금을 대체한 새
로운 지불 방식의 시대를 열었다.

돈이 사람을 행복하게 하지는 않지만 안심은 시킨다고들 말한다. 그런데 지폐와 동전은 사실 단순한 상징적 가치에 지나지 않는다. 돈은 다만 필요한 물건을 살 수 있는 상호 교환수단일 뿐이다. 주조된 동전이 물질가치를 가지던 시대에도 마찬가지였다! 그것을 통화(유통 수단이나 지불 수단으로서 기능하는 화폐 – 옮긴이)라고 한다.

경제생활 초기에는 물물교환이 중심이었는데, 여기에는 큰 문제가 있었다. 예를 들어 생선 다섯 마리가 토끼 다섯 마리와 똑같은 가치를 가질까? 이에 대한 해결책으로 현물화폐가 생겨났다. 현물화폐로는 한 문화 내에서 보편적으로 그 가치가 알려져 있는 보석, 귀금속, 희귀한 조개, 진주 같은 것들이 사용되었다.

동전을 주조하기 전에는 귀금속을 괴 또는 조각 형태로 만들어 무게를 쟀다. 문명이 발달했던 페르시아, 그리스, 로마에서는 일찍이 화폐경제가 도입되었고, 지배자들은 동전에 초상을 새겨 스스로 자신의 영광을 찬미했다.

화폐경제의 기초를 세우는 데 큰 역할을 한 주조 동전은 기원전 700년경 소아시아의 크로이소스 왕국에서 처음 나타났다. 주조 동전은 원료의 성질과 귀금속의 값을 공인된 가치로 보증하는 체계를 확립했다. 값을 매기기 위해 더 이상 동전의 무게를 달 필요가 없어진 것이다.

슈트라스부르크에서 나온 옛 은화의 앞면과 뒷면. 주조 년도에서 볼 수 있듯이 1575년에 만들어진 은화다. 당시 제후나 왕이 지배하는 큰 도시마다 자체적인 화폐가 있었던 탓에 무역이 활발하지 못했다.

그러나 500년경 로마제국의 몰락으로 화폐경제도 무너졌다. 민족 이동의 혼란 속에서 중부 유럽에는 물물교환이 되살아나다 시대가 안정되자 다시 동전이 도입되었다. 그런데 이제 각 지역이나 집단마다 자체 동전체계를 가지게 되어 지불 방식이 복잡해졌다. 중요한 거래 장소에

2000만 마르크짜리 1923년 독일 지폐. 하지만 인플레이션 시대에 빵 한 조각 살 수 없었다.

서는 임시로 화폐 환산표를 이용했다. 교환소의 탁자에 화폐 환산표를 펼쳐놓고, 그 표에 각각의 동전을 놓아 교환가를 빠르게 계산할 수 있었다.

사람들은 귀금속으로 만든 동전을 잘 사용했지만, 문제는 무게였다. 동전이 너무 무거워 중세 중국에서는 지폐를 시험했고, 유럽에서는 18세기에 지폐 사용이 확산되었다. 이 지폐는 인쇄된 화폐가를 동전으로 바꿀 수 있는 영수증과 같은 것이었다. 오늘날에도 여전히 많은 국가가 상환을 위해 정화준비(중앙은행이 발행한 은행권을 금, 은, 금괴 등의 정화로 바꿀 수 있도록 적립해두는 일 – 옮긴이)를 해둔다. 하지만 1 대 1 상환은 더 이상 존재하지 않는다. 상환 부족은 통화의 안정성 및 국가 경제력에 대한 신뢰를 통해 상쇄된다. 그런데 이 신뢰가 경제위기에 의해 크게 흔들렸다. 1923년 제1차 세계대전 이후 걷잡을 수 없는 인플레이션이 닥쳤다. 화폐 가치 하락이 절정에 이르자 1금마르크의 가치가 은행권 1조 제국마르크에 해당할 정도였다.

최근에는 현금으로 지불하는 경우가 점점 줄어든다. 지갑에 현금보다 카드가 더 많이 들어 있고, 슈퍼마켓에서 물건을 살 때조차 카드를 더 많이 쓴다. 공식적인 최초의 신용카드는 1950년에 등장했다. 1996년에 도입된 충전식 화폐카드도 점점 더 많이 사용된다. 액수가 큰 금액의 거래는 컴퓨터에서 온라인 뱅킹을 이용한다. 접속 및 계좌이체 과정에 보안장치가 되어 은행에 직접 찾아가지 않고도 집에서 은행계좌를 관리할 수 있다.

10

안경

눈에 쓰는 선명한 렌즈

근시안이나 원시안을 잘 보이게 하려면 렌즈가 목적에 맞게 연마되어야 한다. 고대인들 중에는 이미 연마된 크리스털을 가지고 실험을 한 사람들이 있었다. 크리스털을 통과하는 빛이 굴절되어 마치 확대경으로 보듯 작은 글자를 더 잘 읽을 수 있었다. 최초의 안경은 1000년경에 사용되었다. 오늘날의 안경은 더 작고 더 얇은 렌즈로 더욱 선명한 시야를 제공한다.

나이가 들어 시력이 나빠지면 불편한 게 많아진다. 신문을 읽으려면 시력 보조기구를 쓰거나 팔을 쭉 뻗어 멀리 두고 읽어야 한다. 연마 유리가 아직 존재하지 않던 시절에 근시 및 원시처럼 시력에 문제가 생기면 크게 고통스러웠을 것이다. 심지어 생명에 위협이 되었을 수도 있다. 예를 들어 시력이 나쁜 기사가 결투를 한다고 상상해보라! 그러니 호전적인 바이킹족의 유물에서, 연마한 렌즈 흔적이 발굴되었다는 건 놀라운 일이 아니다. 11세기 북유럽의 용감한 바이킹 남자들이 이미 광학 보조도구를 실험했다는 사실이 발굴물을 통해 입증되었다. 당시 바이킹족들은 약탈이나 무역을 통해 유럽 남동부, 북아프리카, 아시아 쪽 지중해 지역에서 연마된 크리스털을 구했을 것으로 추측된다.

안경에 해당하는 독일어 명칭 브릴레brille는 연마 시 사용되는 녹주석 베릴beryll이라는 미네랄의 이름에서 따왔다. 눈에 쓰는 렌즈를 두르는 은테는 아마 바이킹족이 직접 제작했을 것이다. 바이킹족이 중세에 제작한 렌즈는 매우 우수해 근대의 생산품과 견주어도 손색이 없을 정도다. 물론 중세에는 볼록렌즈만 알려져 있었다. 다시 말해 당시의 유리로는 원시만 교정할 수 있었다. 근시는 이후 만들어진 안경으로 교정될 수 있었다. 1000년경 연마 유리로 시력 보조기구를 연구한 아라비아 학자 하산 이븐 알-하이탐Hassan Ibn Al-Haitham의 저서 《광학 보전Schatz der Optik》은 광학의 기본 지식이 북아프리카 지중해 지역에서 유래했음을 보여준다. 이 저서를 1240년에 수도사들이 라틴어로 번역해서 수도원에 널리 퍼지게 됐다. 새로운 지식에 고무되어 곧 몇몇 수도원들이 연마 유리를 이용해 매우 효율적인 시력 보조기구를 제작했는데, 그 모양은 오늘날의 안경과 비슷하다. 움베르토 에코의 소설 《장미의 이름》의 주인공인 영국 프란체스코 수도회 수도사 윌리엄이 소설 속에서 초기 형태의 안경을 사용한다.

안경의 또 다른 흔적은 고대 이집트에서 발견된다. 기원전 6세기에 작업을 하거나 글을 읽을 때 확대 렌즈를 이용했다는 기록이 상형문자로 남아 있다. 고대

독서를 하는 남자를 묘사한 1583년 그림. 남자가 코에 시력 보조도구를 끼고 있는데, 모양이 현대의 안경과 매우 흡사하다.

의 확대경은 단순하게 가공된 것이어서 안경처럼 코에 걸칠 수 있는 형태가 아니라 돋보기처럼 문자의 크기를 확대할 수 있는 도구였다. 유명한 그리스 물리학자 아르키메데스^{Archimedes}도 기원전 200년경 렌즈 광학 연구에 몰두했다는 기록이 있다. 그리고 54년~68년까지 로마를 지배한, 피에 굶주린 미치광이 네로 황제가 검투사 경기를 관람할 때, 도살 장면을 더 잘 보기 위해 렌즈를 사용했다고 한다. 괴벽스런 황제 네로가 착용한 렌즈는 연마된 녹색 에메랄드였을 것으로 추측된다. 아마 에메랄드 렌즈로 선글라스 같은 효과를 얻었을 것이다. 눈부신 햇빛이 피 튀기는 스펙터클을 즐기는 데 방해가 되었기 때문이다.

벤저민 프랭클린은 미국 건국의 아버지이기만 한 인물이 아니었다. 근시와 원시를 동시에 교정하는 안경을 최초로 발명하기도 했다.

시각용 렌즈의 비밀은 특수한 연마 기술 및 유리의 질에 있다. 시력 보조기구 제조의 최초 전문가는 베니스의 유리 장인들이었다. 그들은 13세기에 이미 유리 연마에 필요한 수공업 기술을 갖추고 있었다. 선명한 시력은 유리를 볼록한 것 또는 오목한 것으로 제작했는지에 달려 있었다. 근시 또는 원시에 따라 해당하는 렌즈를 사용하면 시력 교정이 가능하다. 근시와 원시에 둘 다 사용할 수 있는 최초의 이중초점 안경은 미국 건국의 아버지 벤저민 프랭클린^{Benjamin Franklin}이 개발 했다. 1784년경 프랭클린은 근시와 원시 교정을 위해 각각 달리 연마한 안경 유리를 한 안경테에 조립해 넣으려는 생각을 떠올렸다. 원시와 근시 모두에 시달리던 프랭클린은 원시용 안경과 근시용 안경을 끊임없이 번갈아 쓰는 게 무척 귀찮았다. 유리 하나에 근시용과 원시용 두 가지 연마 유리를 결합한 최초의 교정 안경은 1959년 프랑스에서 출시되었다.

무거운 유리 재료를 대체하는 플라스틱 유리의 발명으로 안경은 크게 가벼워졌다. 현재는 눈의 액체 속에 떠 있는 하드 및 소프트 콘택트렌즈가 점점 더 확산되고 있다. 착용감이 매우 좋은 콘택트렌즈는 특히 운동선수들에게 적합하다. 최근에는 콘택트렌즈도 다양화되어 눈동자 색을 자유자재로 바꿀 수도 있다.

연마된 유리는 원시와 근시 교정 이외에도 여러 분야에 이용된다. 현미경에 넣으면 고도의 렌즈 기술이 아주 작은 물체도 큰 형태로 보이게 한다. 1600년경에 발명된 현미경의 가능성은 무엇보다도 르네상스 시대에 싹튼 생물학 및 의학에 축복이 되었다. 당시 천문학도 새로운 렌즈 기술의 덕을 보았다. 새로 개발된 렌즈로 아득히 먼 우주를 관찰할 수 있었기 때문이다. 또한 영국의 프란체스카 수도회 수도자 로저 베이컨Roger Bacon(1214~1292 또는 1294)도 안경 렌즈와 그 활용 가능성에 크게 열광했다. 수학자이자 천문학자인 베이컨은 광학 연구에 힘을 기울이며 새로운 렌즈 기술의 성과를 칭송하고 자신의 학문 연구에도 그 기술을 적용했다.

망원경은 당연히 곧 군사 목적으로도 사용되었는데, 처음에는 한 눈에만 대는 망원경이었고 이후 대부분 쌍안경으로 바뀌어갔다.

"우리는 투명한 렌즈를 다음과 같이 쓸 수 있다… 즉 사물을 가까이에서도 멀리에서도 볼 수 있다. 태양, 달, 별들을 우리에게 가까이 내려오게도 할 수 있다."_ 로저 베이컨

11»

나침반

바늘이 북쪽을 가리키다

옛날 선원들은 별을 보며 길을 찾았다. 그러다 1100년 이후 나침반이 도입되면서 항로를 더욱 정확하게 설정할 수 있게 되었다. 오늘날의 선박은 최신 전자 내비게이션 장비를 갖추고 있다.

나침반은 훌륭한 물건이다. 나침반의 바늘은 항상 북쪽을 가리킨다. 고대 그리스인들은 이미 자석철의 작은 파편이 남-북 방향을 가리킨다는 사실을 알았다. 1100년경 선원들은 이 지식을 이용해 배 안에 '젖은 나침반'을 가지고 다녔다. 방향계의 일종인 젖은 나침반은 물그릇 속에 나침반 바늘이 둥둥 떠 있어 주위의 영향을 받지 않고 움직일 수 있게 만들어졌다. 약 100년 후, 작은 핀 위에 바늘이 놓인 '건조한 나침반'이 개발되었다.

나침반은 적도와 극지방에서 자석의 강도가 두 배로 강해지는 지구의 특성을 이용한다. 때문에 바늘이 자기장 세력 안에서 극에 따라 끌어당기거나 밀어내는 반응을 하면서 남-북 방향을 가리키게 된다. 지리학적 북극은 실제 자기력 상으로는 남극이고, 지리학적 남극은 자기력 상으로는 북극이다.

지구의 자성을 방향 도구로 이용하기 이전에는 별을 이용해 장소와 위치를 확인했다. 처음에는 태양의 위치에 의지했다. 태양의 위치를 나타낸 표를 근거로 자신이 있는 대략의 위치를 알아낼 수 있었다. 수많은 항해의 기초 지식이 기원전부터 이어졌지만, 그 전성기는 15세기 '대항해시대'와 함께 열렸다. 당시에는 나침반 외에도 다른 여러 도구들이 개발되었다. 그중 하나가 '야콥의 막대기' 또는 '각도 막대기'라 불리던 것이다. 이 도구는 항해와 지형 측량, 천문학에서 각도와 거리를 측정하는 데 사용되었다.

야콥의 막대기에서 더 발전한 것이 '6분의'다. 이 도구는 눈금의 각이 60도여서 6분의라는 이름을 얻었다. 작은 망원경과 거울 장치로 구성된 6분의로 지평선, 별, 태양에 방향을 맞추어 위치를 계산할 수 있었다. 6분의의 조작과 계산법은 그 자체가 어려운 학문이었다. 하지만 오늘날에는 전문 항해사들도 6분의 다루는 법을 반드시 배우지는 않는다.

시간 측정도 항해 경로를 정하는 중요한 요소였다. 예전에는 태양의 위치를 근거로 시간을 측정했고, 정밀한 크로노미터(경선의)로 정확한 시간 값을 산출할 수 있었다. 1760년경에 영국의 시계 제조공 존 해리슨John Harrison은 매우 우수한 크로노미터를 제작했다. 전설적인 항해사 제임스 쿡James Cook도 1772년 유명한 남태평양 탐험에 나섰을 때 해리슨의 것과 유사한 크로노미터를 가지고 갔다. 쿡 선장은 우수한 크로노미터로 자신의 항해에 필요한 지도를 정확히 작성하고 새로 발견한 육지를 표시할 수 있었다. 오늘날은 전파 탐지기, 방향 탐지기, 내비게이션 등으로 항해와 항공 운행 중 정확한 위치를 알 수 있다.

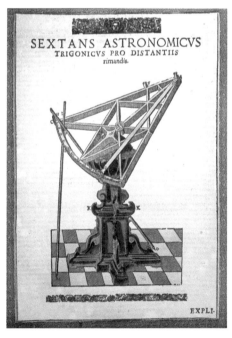

'야곱의 막대기'가 천문학 계산과 지형 측량에서 어떻게 쓰였는지 보여주는 16세기 그림.

Rose des vents.

'바람 장미Rose des vents'라고 불린 거대한 나침반이 1850년경 프랑스 전함에 설치되었다.

항해일지를 작성하는 것은 여전히 선원들의 중요한 의무다. 항해일지에는 배의 항로에 대한 중요한 정보는 물론, 배에서 일어난 중요한 일들도 기록한다. 항해일지를 '로그 북'이라고도 한다. 로그, 즉 '측정의'라고 하는 도구는 긴 밧줄에 나무토막을 묶어 손에 잡고 배가 지나가는 측면에서 물속으로 미끄러뜨리는 기구를 말하며, 밧줄에는 매듭이 규칙적인 간격으로 묶여 있다. 모래시계를 이용해 일정한 시간 내에 손에서 미끄러지는 매듭의 수를 세어 배의 속도를 측정할 수 있었다. 오늘날에도 배의 속도 단위를 노트Knot(매듭)로 표시한다.

12

서적 인쇄

지식을 대중화시켜 세상을 바꾸다

1450년, 요하네스 구텐베르크는 서적을 수많은 판으로 찍어낼 수 있는 인쇄술을 발명했다. 인쇄술이 일으킨 문화혁명은 현재까지도 영향을 미치고 있다.

≫ 선사시대에는 언어에 의해 세대에서 세대로 지식이 전해졌다. 그러다가 페르시아, 이집트, 그리스, 로마 등 고대 문명 이래 정보는 문자의 형태로 기록됨으로써 복사가 가능해졌다. 당시에는 법률이나 지도자의 주요 통치 결정을 알리는 일이 매우 중요해서 수많은 사람들이 서기실에서 파피루스 두루마리에 텍스트를 옮겨 쓰는 작업을 했다. 그것은 매우 고된 노동이었지만 텍스트의 일부를 스탬프에 새긴 뒤 색을 묻혀 파피루스나 양피지에 찍어내는 방법으로 어느 정도 작업이 간단해질 수 있었다. 이 스탬프 인쇄술은 중세 초기까지 이어졌다. 수도원 집무실에서 성경이나 교회 서적을 복사하는 수도사들도 미리 제작해둔 텍스트 스탬프를 이용해 작업을 했다. 작업에 시간이 많이 소모되는, 책의 첫 페이지나 첫 장의 장식 글자를 스탬프 방식을 통해 간단하게 찍어낼 수 있었고, 거기에 색만 입히면 되었다.

중국에서는 6세기부터 목판에 텍스트를 새긴 뒤, 돋은 부분에 잉크를 칠해 종이에 찍어냈다. 1040년경에는 아이디어가 뛰어난 한 대장장이가 글자본을 점토로 구워 인쇄에 이용할 생각을 해냈다. 하지만 이 아이디어는 너무 많은 한자의 수가 걸림돌이 되었다. 반면 라틴어 알파벳의 일목요연함은 새로운 텍스트 복사 기술을 고안해내는 일을 더 수월하게 했고, 특히 인쇄할 철자본을 납으로 제작하기 시작하면서 그 일에 가속도가 붙었다. 납은 쉽게 녹여 철자 틀에 부을 수 있었다.

독일 마인츠의 금 세공사 요하네스 구텐베르크Johannes Gutenberg(1400~1468)는 최적의 인쇄 방식을 찾아냈다. 그는 1450년경 교환 가능한 금속활자뿐만 아니라 그가 제조법을 철저히 비밀에 부친 특수 잉크 혼합물도 발명했다. 구텐베르크는 이에 그치지 않고 금속활자에 필요한 인쇄기도 만들었다. 인쇄하려는 텍스트를 뒤집힌 글씨로 된 납 활자로 만들어 인쇄면에 넣고, 돌출된 활자에 검은 인쇄잉크를 발라 텍스트 위에 놓인 종이를 큰 압력을 주어 누르는 것이었다. 이 인

쇄술로 하루에 3600쪽까지 인쇄할
수 있었다.

구텐베르크가 발명한 인쇄술은
새로운 시대를 열었다. 인쇄된 책은
저렴한 값으로 팔려 형편이 넉넉지
않은 가정에서도 책을 읽을 수 있
게 되었다. 네덜란드 철학자 에라스
무스 폰 로테르담Erasmus von Rotterdam
의 책《격언집Adagia》은 7만5000권이
인쇄되어 최초의 베스트셀러가 되
었다. 구텐베르크의 발명은 종교계
에도 커다란 영향을 미쳤다. 마르틴
루터가 독일어로 번역한 뒤, 1452년
에 구텐베르크가 인쇄한 성경은 라
틴어를 모르고 글을 쓰는 법을 배울
데가 없는 민중들에게까지 널리 보

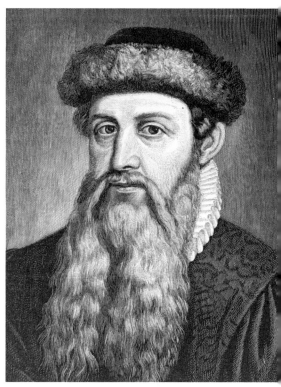

요하네스 구텐베르크는 서적 인쇄술의 발명가로 통한다.

급되었다. 17세기 초에 발행된 최초의 신문도 구텐베르크의 발명이 없었다면 불
가능했을 것이다. 세월이 흐르면서 서적 인쇄술은 점점 효율적으로 현대화되었
다. 오늘날은 텍스트가 컴퓨터로 완성되고, 다양한 현대식 인쇄 방식을 통해 아
무리 많은 페이지라도 대량으로 복사할 수 있다.

13

천문학과 점성술

자연현상을 설명하고 우주의 비밀을 풀다

예부터 사람들은 하늘을 바라볼 때마다 그 광경에 매료되곤 했다. 점성술사들은 사람의 운명을 별들의 운행에서 찾으려 했다. 천문학자들은 우주 생성에 대한 학문적 지식을 얻으려 노력했다. 1509년, 천문학자 니콜라우스 코페르니쿠스는 지구가 아닌 태양이 행성계의 중심에 있다고 주장했다.

천문학은 모든 학문 중에서도 가장 오래된 학문으로 통한다. 어찌 보면 당연한 일이다. 우주와 별은 인류가 이 땅에 나타나기 전부터 이미 존재하고 있었던 데다 아득히 멀리 있는 별을 연구하는 학문은 천문학 말고 없기 때문이다. 사람들은 아주 오랜 옛날부터 하늘에 보이는 광경에 매혹되었다. 그것은 빛과 온기를 주는 밝은 태양, 어떨 때는 완전히 동그랗다가 어떨 때는 반쪽이 되었다가 심지어 전혀 보이지 않기도 하는 수수께끼의 달, 그리고 창공에 반짝이는 무수한 별들이었다.

인류의 지식이 일천하고 과학의 발전이 본격적으로 이뤄지지 않았을 때는 머리 위 하늘에서 진행되는 일을 이성적으로 설명할 수 없었다. 따라서 하늘의 현상을 신화, 설화, 미신, 종교적 해석으로 설명했다. 눈에 띄는 별자리를 '큰곰자리' '큰개자리' '거문고자리' '게자리' '천칭자리' '전갈자리' '처녀자리' '황소자리' 등으로 표현했다. 또한 별들의 운행, 밤과 낮의 규칙성, 각 계절 및 달의 변화를 심도 있게 연구하기도 했다. 사람들은 지구에서 눈에 띄는 자연현상을 하늘에

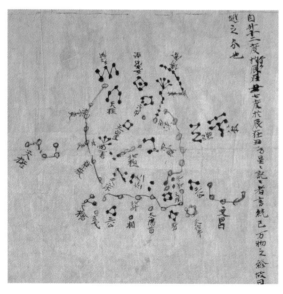

다양한 별자리를 묘사한 기원전 7세기 중국의 그림.

16세기 초, 코페르니쿠스가 주장한 태양 중심의 세계관은 태양을 우리 행성계의 중심으로 옮겨놓았다.

서 일어나는 현상과 직접 연관 짓기 시작했다. 예컨대 밀물과 썰물이 달과 어떤 관계가 있으리라고 짐작했다. 하지만 달의 인력이 원인이라는 사실을 당시 사람들은 아직 설명할 수 없었다. 그 현상은 1687년에야 비로소 아이작 뉴턴Isaac Newton의 인력 계산을 통해 증명되었다.

'천체가 바다의 물을 움직일 수 있는 힘을 가졌다면 지구 생명체에도 영향을 줄 것이 틀림없다.' 이것이 하늘의 현상을 학문적으로 설명할 수 있기 전까지 널리 퍼진 믿음이었다. 점성술사들은 자신들이 관찰한 하늘의 움직임과 사람의 운명을 논리적 상관관계 속에 집어넣으려 했다. 점성술사들이 이끌어내려 했던 결론은 별이 사람의 운명을 보여줄 수 있다는 것이었다. 이들은 한때 대단한 명성을 누렸고, 오늘날에도 진지하게 작업하는 점성술사나 신문에 난 별점을 믿는 사람들이 매우 많다.

천문학은 수학과 물리학으로 우주의 생성을 설명하려 한다. 처음에는 지구를 우주의 중심에 두고 태양도 지구 주위를 돈다고 설명했다. 이 이론은 르네상스 시대까지 상식이었다. 하늘의 운행 과정을 관찰하고 기록하고 이해하기 위해 기원전에 이미 천문대가 만들어졌다. 천문학은 모든 문명의 공통된 관심사였다. 유럽, 이집트, 중국, 남아메리카, 중앙아메리카 지역의 민족들은 하늘의 현상에서 나타나는 법칙에 따라 정밀하게 신전을 지었다. 영국에 있는 유명한 스톤헨지 거석이나 독일 작센-안할트 지방의 고섹 근처에 있는 원형 홈이 파인 터는 기원전 3000년에서 5000년경 신석기시대에 건설된 구조물이다. 정확하게 태양이 움직이는 위치를 고려해 지어진 두 구조물은 신전으로 사용되었다.

망원경이 발명되면서 폭넓은 천문학 지식을 통한 천체 관찰의 새로운 시대가 열렸다. 요하네스 케플러Johannes Kepler나 갈릴레오 갈릴레이Galileo Galilei 같은 유명한 천문학자들은 자신들의 관찰을 바탕으로 지구는 태양을 중심에 둔 행성계의 일부에 지나지 않는다는 사실을 증명하려 했다. 니콜라우스 코페르니쿠스Nikolas Kopernikus(1473~1543)도 같은 견해를 주장했다. 코페르니쿠스는 1509년에 자신의 이론을 처음 세웠다. 1543년 그가 사망한 후 그의 책《천구의 회전에 관하여De Revolutionibus Orbium Coelestium》가 출판되었다.

태양 중심의 새로운 세계관은 가톨릭교회 신앙의 기반을 뒤흔들었다. 교회의 지도자들은 케플러와 갈릴레이에게 엄청난 압력을 가하며 그들이 쓴 책의 출간을 금지했다. 하지만 시간이 흐르면서 근대 학문은 억압을 이겨냈다. 지구가 동그란 원반이 아니라 구 모양이라는 견해는 이미 고대 그리스 철학자들도 주장한 것이었다. 이 이론의 증명은 학문적 관찰뿐만 아니라 배를 타고 멀리 항해한 선

우주에는 놀라운 현상들이 무수히 숨어 있다. 사
진 속 나선은하는 중심이 오래된 별들로 이루어진
독립된 은하계다.

원들이 나락으로 떨어지지 않았다는 사실로도 입증되었다.

이 모든 지식들이 학문을 개혁하고 계몽의 시대를 이끌었다. 자연의 수수께끼를 밝혀내려는 사람들에게 천문학은 매우 중요한 역할을 했다. 과학자들은 거듭 개량된 망원경을 통해 점점 더 깊이 우주를 들여다보며 새로운 지식을 얻을 수 있었다. 오늘날에는 망원경뿐만 아니라 인공위성도 중요한 천문학 자료를 수집한다. 1990년부터는 미국우주항공국ᴺᴬˢᴬ과 유럽우주국ᴱˢᴬ이 쏘아 올린 우주 망원경 '허블'이 지구 주위를 돈다. 2009년에는 유럽우주국이 새로운 우주 망원경 '허셜'을 쏘아 올렸다. 허셜을 싣고 간 로켓은 유럽의 '아리안5'였다. 최신 기술이 총망라된 허셜 우주 망원경은 지구에서는 더 이상 관찰할 수 없고 상상할 수 없을 만큼 멀리 떨어진 우주 속까지 뚫고 들어간다. 100억 광년 떨어진 곳의 광경을 보는 천문학자들은 우주의 생성에 대한 중요한 지식을 얻을 수 있기를 기대한다. 허셜 망원경은 단독으로 작업하지 않고 동료 우주 망원경 '플랑크'와 함께한다.

우주는 빅뱅에 의해 140억 년도 더 전에 생성되었다고 한다. 허셜 망원경은 빅뱅이 남긴 것으로 추정되는 우주의 배경 빛을 조사한다. '허셜'과 '플랑크'라는 이름은 우연히 선택된 게 아니다. 둘 다 현대 천문학의 중요한 개척자들의 이름이다. 1738년 독일 하노버에서 태어난 프리드리히 빌헬름 허셜Friedrich Wilhelm Herschel은 자신이 직접 만든 망원경으로 우주를 탐구하면서 천왕성을 발견했다. 독일 킬에서 1858년에 태어난 막스 플랑크Max Planck는 물리학과 수학 분야에서 우주 탐사를 위한 중요한 지식을 전해주었다.

"천체 중에⋯ 가장 상위에 있는 천체는 태양이다. 첫 번째 행성으로 토성이 오는데, 토성은 30년에 걸쳐 운행을 완성한다. 이어 운행에

12년이 걸리는 목성이 온다. 그다음으로 2년에 걸쳐 운행을 완성하는 화성이 온다. 대열의 네 번째 자리에 1년에 한 바퀴 운행을 마치는 지구가 오고… 다섯 번째 자리에 있는 금성은 태양을 9개월에 한 바퀴씩 돈다. 이어 여섯 번째에 수성이 자리를 차지하고 80일로 운행을 완성한다. 하지만 모든 행성의 가운데에는 태양이 자리 잡고 있다… 태양은 말하자면 왕좌에 앉아… 회전하는 별 가족을 주도한다. 지구도 결코 달의 직무를 빼앗지 않으며, 달은 지구와 가장 가까운 친척이다."_요하네스 케플러

14

달력

날, 주, 달, 해에 대해

인간이 지구의 시간 단위를 날, 주, 달, 해로 나눈 이유는 하늘의 현상 때문이었다. 태양, 달, 별들은 시간체계의 토대가 되었고, 1582년, 오늘날 전 세계적으로 사용되는 그레고리력이 만들어졌다.

우리가 날, 주, 달로 시간을 분배하는 것은 별의 운행과 관계가 있다. 아무 이유 없이 1개월을 '한 달'이라고 부르는 게 아니다. 1년을 열두 달로 나눈 것은 지구 주위를 도는 달의 운행에 맞춘 것이다. 달의 형상이 바뀌는 데는 29.5306일이 걸린다. 1년은 지구가 태양의 주위를 한 바퀴 도는 데 걸리는 기간이다. 그리고 24시간은 지구가 자전하는 데 걸리는 시간이다. 지구에 규칙적으로 되돌아오는 자연현상도 시간 분할에 영향을 미쳤다. 예컨대 고대 이집트 나일 강의 범람 시기를 들 수 있다. 나일 강은 거의 정확히 365일마다 범람했다가 다시 빠져나가면서 비옥한 진흙을 남겼다. 이 자연의 주기에 따라 농부들은 농사 일정을 짜고 이후 연력을 정했다. 수메르인들은 월력에 따라 살았다. 유프라테스 강과 티그리스 강 사이 메소포타미아 문명권에 있던 나라들은 기원전 3세기에 이미 29일 내지 30일로 이루어진 월력을 사용했다.

오늘날 우리가 이용하는 달력은 그레고리우스력이다. 이 달력의 최초 원형은 로마의 정치가 율리우스 카이사르Julius Caesar로부터 시작된다. 기원전 46년, 카이사르는 그때까지 통용되던 달력체계가 더 이상 정확하지 않다는 이유로 달력의 개혁을 단행했다. 카이사르는 1년을 1월에서 12월까지 열두 달로 분할하도록 규정했다. 1년과 1개월의 기간은 달의 형상 변화에 따른 게 아니라 태양을 따른 것이었다. 그 때문에 1년은 365일 6시간이 되었다. 카이사르는 이처럼 6시간이 남는 것을 해결하기 위한 합리적인 방법을 찾기 위해 4년에 한 번씩 윤년을 도입해 2월의 하루를 연장했다. 하지만 정확한 태양력(1태양력은 정확히 365일 5시간 48분 46초다 - 옮긴이)에 비해 측정할 때 생기는 약간의 오차로 인해 11분 14초라는 시간 차이가 나는 카이사르의 달력은 실제 천문학적 해를 앞서 가게 되었다. 따라서 128년마다 정확히 하루의 차이가 발생했고, 그 결과 춘분이 계속해서 연기되었다.

한편 종교적 축제를 중시한 가톨릭교회는 시간 계산의 정확성을 매우 중요시했다. 그 이유로 16세기 말, 교황 그레고리우스 13세는 뛰어난 이탈리아 천문학자 2명에게 새로운 계산으로 시간체계의 오류를 수정할 방안을 내놓으라고 지시했다. 천문학자들의 연구를 바탕으로 그레고리우스 3세는 달력의 개혁을 단행했다. 증가하는 시간 차이를 없애기 위해 열흘을 통째로 건너뛰어야 했다. 그 결과 1582년 10월 4일 다음 날은 10월 5일이 아니라 10월 15일이 되었다. 이와 유사한 큰 시간차가 벌어지는 현상이 반복되지 않게 하려면 1700년, 1800년, 1900년에도 윤년을 없애야 했다. 똑같은 규칙이 2100년, 2200년, 2300년에도 적용되어 그해에는 2월 29일이 존재하지 않게 된다.

그레고리우스 13세의 달력 개혁 이후 춘분은 항상 3월 21일에 온다. 물론 교황이 지시해서 만든 달력을 처음부터 모든 나라가 받아들인 것은 아니었다. 가톨릭교회 수장에게서 나온 개혁을 개신교 나라들이 거부했기 때문이다. 하지만 오늘날은 그레고리우스력이 국제 표준으로 통용된다.

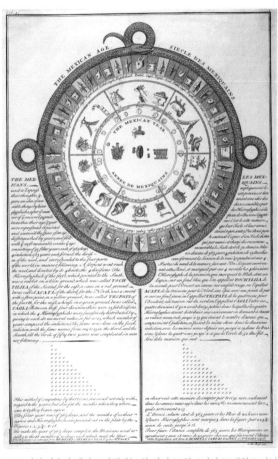

1000년경 사용된 멕시코 달력에는 한 달이 20일, 1년이 18개월로 나뉘어 있다. 남는 5일은 불운의 날로 통했다.

≫

15

화장실

고요한 장소에 좌변기가 설치되다

화장실의 발전은 수백 년에 걸쳐 이루어졌다. 고대에 이미 오늘날 화장실의 단순한 원형이 있었다. 화장실 문화가 후퇴한 중세 암흑기에는 똥구덩이가 된 도시의 도로에서 고약한 냄새가 진동했다. 1775년, 수세식 변기의 발명으로 다시 화장실 세계의 발전이 이루어졌다.

사람이 볼일을 보고 처리하는 곳을 일컫는 명칭은 변소, 화장실, 해우소, 배수구, 고요한 장소, 라틴어 '로쿠스' 등 아주 다양하다. 토일렛toilet이라는 단어는 프랑스어의 '큰 수건'이라는 단어에서 유래한 것으로, '볼일'을 볼 때 가리던 큰 수건을 말한다. 중국에서는 동양답게 정중히 '내적인 조화를 얻는 곳'이라 불렀다. '00'이라는 화장실 표시는 호텔 건물에서 유래했다. '고요한 장소'에 특별한 번호를 매겨 손님들이 객실로 혼동하는 일이 없도록 했던 것이다.

'00'이든 '화장실'이든 모든 사람은 일생 중 평균 1년을 화장실에서 보낸다. 원시시대부터 사람들이 일을 보고 난 후 뒤처리를 기피하려던 이유는 변의 특성 때문이다. 배출된 변에서 불쾌한 냄새가 나고 성가신 벌레들이 꼬여드니 손을 대기 싫었던 것이다. 거주지에서 풍기는 강한 변 냄새를 맡고 맹수가 나타나면 생명이 위험할 수도 있었다. 그래서 선사시대부터 '고요한 장소'를 주거지에서 멀리 떨어진 우거진 숲에 두었고, 문명의 발전 과정에서 독특한 화장실 문화도 발전했다.

화장실 문화의 발전은 무엇보다 고도 문명권에서부터 이루어졌다. 기원전 3000년 전에 인도에는 이미 좌식 화장실이 존재했다. 소변과 대변이 주택 외벽에 연결된 관을 통해 하수도 시설로 흘러나가는 구조였다. 좌식 변기도 앉은 자세가 편안하도록 엉덩이 부분에 딱 맞게 설계되어 있었다. 수메르인들도 초기 형태의 수세식 변기를 사용했다고 한다. 이집트인과 그리스인들은 '고요한 장소'에서의 예절을 발달시켰다. 하지만 그곳은 그다지 조용하지는 않았는데, 로마인들은 볼일 보는 시간을 사교에 활용했기 때문이다. 로마인들은 공공 화장실에 화기애애하게 모여 앉아 직업과 정치, 개인사에 대해 대화를 나누었다. 공공 화장실에는 물이 계속 순환하면서 고약한 냄새가 나는 배설물을 씻어 내렸다.

이탈리아 오스티아에 남아 있는 고대 로마 화장실 터. 당시 화장실에서 사교 활동이 활발했었음을 보여준다.

중세의 화장실 문화에 대해서는 특별히 이야기할 게 없다. 도시에서는 밤 동안 볼일을 본 요강을 다음 날 아침 거리에 그냥 쏟아 버렸다. 중세의 성안은 그나마 나았다. 성의 담벽 안에 화장실로 쓰이는 구석방이 있었다. 문을 열면 배설물

수세식 화장실의 발명가 존 해링턴. 엘리자베스 1세는 이 화장실의 발전을 매우 즐겼다고 한다.

이 곧장 아래 해자로 떨어지는 구조였다. 중세의 종말과 더불어 화장실 문화는 다시 발전했다. 16세기 말 영국인 존 해링턴^{John Harington}은 여왕 엘리자베스 1세의 지시로 왕궁에 최초의 수세식 화장실을 설치했다. 1775년에는 시계 수리공 알렉산더 커밍스^{Alexander Cummings}가 수세식 화장실을 개량했다. 커밍스는 굽은 하수도관으로 악취 차단판을 보강해 냄새 문제를 해결했다. 하지만 개량된 수세식 화장실이 실용화된 것은 19세기 중반이었다. 오늘날 '고요한 장소'에는 각종 사치스러운 설비가 갖추어지기도 한다. 쿠션을 넣은 변기에서부터 갖가지 장식에 확성기 장치까지, 손에 다 꼽을 수 없을 정도다. 확성기 장치는 공중 화장실에서 볼일을 볼 때 생기는 부끄러운 소리를 큰 음악 소리로 가리기 위해 주로 일본에서 사용한다.

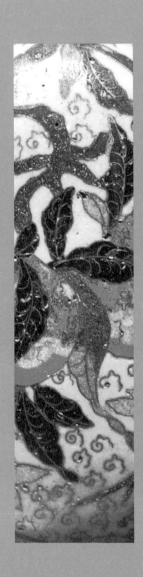

도자기

부서지기 쉽고, 귀하고, 아름답다

중국인들은 하얀 황금, 도자기의 발명가로 통한다. 선원들에 의해 도자기가 유럽에도 전해졌다. 깨지기 쉬운 재질로 된 도자기를 유난히 좋아한 작센의 왕은 직접 도자기를 제작하려 했다. 마침내 1709년 독일 마이센에서 유럽 최초의 도자기가 생산되었다.

≫ 사치와 호화를 누리던 작센의 강건왕 아우구스트Aug der Starke(1670~1733)는 아름다운 물건에 욕심이 많아 엄청난 돈을 낭비했다. 왕은 텅 빈 금고를 채우기 위해 연금술사에게 금을 인공적으로 제조하라는 지시를 내렸다. 이즈음 요한 프리드리히 뵈트거Johann Friedrich Bottger라는 자가 값비싼 귀금속을 제조할 수 있는 능력을 가졌다고 으스댄다는 소문이 왕의 귀에 들어갔다. 그런데 뵈트거는 온갖 시도에도 금을 제조하지 못했고, 왕은 크게 분노했다. 하지만 뵈트거는 운이 좋았다. 학자 에렌프리트 발터 폰 취른하우스Ehrenfried Walther von Tschirnhaus가 마침 다른 수수께끼를 풀기 위해 연구에 몰두하던 중이었다. 폰 취른하우스는 중국에서 유입된 귀한 도자기를 만들어내려 했다. 자신의 작업에 조수가 또 한 사람 필요했던 폰 취른하우스는 뵈트거를 자신의 조수로 채용했다. 1709년, 두 사람은 실제로 도자기 제조를 위한 기본 재료를 찾아내 최초의 도자기 단지를 제작하는 데 성공했다. 1년 후 폰 취른하우스가 사망하자 연구 작업을 혼자 넘겨받은 뵈르거는 1710년, 작센 지방 마이센에 도자기 공장을 건설했는데, 그 공장은 오늘날에도 세계적인 명성을 누리고 있다.

'하얀 황금', 도자기를 그 시대의 군주들이 크게 애호한 이유는 아름다움과 희귀성 때문이다. 중국인들은 도자기를 만드는 귀한 재료를 작센보다 수천 년 전에 발견했다. 새 대륙을 찾아 항해에 나선 모험가와 탐험가들이 도자기를 유럽으로 들여왔다. 1300년경 중국을 여행한 전설적인 상인 마르코 폴로Marco Polo는 도자기 접시를 가지고 와서 중국인들이 식기로 사용하는 귀한 물건에 대해 보고했다. 용, 물고기, 사람, 마을, 식물 등의 무늬를 금은사 세공으로 장식한 아름다운 도자기 제품들이었다. 먼 나라의 이국적인 문양에 매료된 유럽인들은 도자기를 흥미롭고 값진 물건으로 여겼다.

특히 18세기에는 부유층에서 중국의 미술 공예품이 유행했다. 자기 자신을 조금이라도 대단하다고 여기는 군주들은 저마다 중국의 종이 벽지, 칠기, 가구, 도

작센의 강건왕 아우구스트는 고급 도자기를 대단히 좋아했다.

유명한 양파꽃 무늬 장식의 독일 도자기. 일부는 19세기에 제작된 것이다.

신비로운 색과 환상적인 무늬 장식이 돋보이는 17세기 중국 도자기.

자기로 방을 장식했다. 중국인들이 도자기 제조법을 철저히 비밀에 부쳤기 때문에 유럽인들은 제조 비밀을 알아내기 위해 자체적으로 연구할 수밖에 없었다. 마침내 도자기 비밀의 코드가 풀리자 유럽 곳곳에 수많은 도자기 공장들이 생겨났다.

도자기를 뜻하는 독일어 '포첼란Pozellan'은 이탈리아 단어 '포르첼라노porcellano'에서 유래했다. 이 단어는 원래 이탈리아인들이 환하게 반짝이는 조개와 달팽이 껍질을 가리키는 것이었다. 말하자면 도자기에서 볼 수 있는 시각적 특성이었다. 당시 유럽인들은 중국인들이 그들의 귀한 그릇을 제조할 때 조개와 달팽이 껍질을 분쇄해 사용할 것이라 여기고 '포첼란'이라는 이름을 붙였다. 도자기는 진흙인 도토를 주원료로 광물인 장석과 석영을 첨가해 만들어진다. 도자기 생산에서 혼합 비율, 굽는 시간, 유약의 화합 방법 등은 철저히 비밀에 부치는 제조법이다. 지금도 세계가 인정하는 유명한 도자기 제조의 아성은 1709년 발터 폰 취른하우스와 요한 프리드리히 뵈트거가 유럽 땅에서 처음으로 도자기를 생산한 작센의 마이센으로 통한다.

17

기계 베틀

사회적 갈등을 불러온 기계

단순한 형태의 길쌈 기술은 이미 신석기시대 때부터 존재했다. 베틀 기술은 고대 이후 수백 년 동안 거의 변화 없이 그대로 유지되다 18세기에 이르러 획기적으로 변화되었다. 그전까지의 단순한 베틀은 1733년 최초의 최신 기계식 베틀로 대체됐다. 그런데 이러한 진보는 사회적 갈등도 불러왔다.

≫ 단순한 형태의 나무 방직기는 이미 기원전 6000년경에도 이용되고 있었다. 직물을 짜는 일은 꼰 실을 단단하게 잇는 일이므로 우선 꼰 실을 잘 다룰 줄 알아야 했다. 그래서 길쌈 기술과 실을 잣는 기술이 병행해 발전했다. 석기시대부터 아마와 동물의 털이 실을 잣는 기본 재료로 이용되었고, 이 재료를 북(베틀에서 날실의 틈으로 왔다 갔다 하면서 씨실을 푸는 배 모양의 기구 – 옮긴이)을 이용해 길게 꼰 실로 가공했다. 베틀로 작업을 하면서 긴 날실을 씨실과 엮었다. 그렇게 해서 튼튼한 교차 직물이 생겼다.

고대 이집트, 그리스, 로마에는 원단을 생산할 수 있는 좋은 베틀이 있었다. 형태와 기능이 매우 효율적인 베틀 기계는 거의 변치 않은 형태로 중세까지 이어졌다. 18세기 초에 이르러 베틀 기술에 커다란 변화가 일어났다. 여러 발명가들이 더 좋은 천을 더 빠르게 생산할 수 있는 베틀을 만드는 데 몰두했다. 1733년에 영국인 존 케이John Kay가 플라잉셔틀(재봉틀의 밑실이 들어 있는 북의 일종 – 옮긴이)을 개발했다. 그전에 손에 북을 쥐고 씨실을 측면에서 날실에 통과시킬 때에는 직조공 두 사람이 있어야 했지만, 케이가 개발한 새 기술로는 한 사람의 인력을 절약할 수 있었다. 그 때문에 일자리를 잃을 것을 두려워한 직조공들은 케이의 발명품을 그다지 달가워하지 않았다. 하지만 발전은 멈추지 않았다. 케이와 같은 영국인 에드먼드 카트라이트Edmond Cartwright는 한 걸음 더 나아갔다. 카트라이트는 직조 과정을 자동화하기 위해 수동 크랭크로 움직이는 베틀을 개발했다. 그는 이어서 증기기관으로 움직이는 방직기를 만들려 했다. 하지만 이 최신 직조 방법은 타산이 맞지 않았다. 값비싼 기계 제작보다 아직은 사람을 쓰는 게 비용이 적게 들었다. 그럼에도 불구하고 카트라이트가 개발한 '역직기power loom'는 역사의 한 장을 장식했다.

프랑스에서도 베틀 기술을 혁신하는 아이디어가 나왔다. 1745년, 기계학의 대가 자크 드 보캉송Jacques de Vaucanson은 최초의 전자동 직조 기계를 개발했다. 그러

자카드의 직조기. 19세기의 최신 기계였다.

나 개발 당시에는 크게 주목을 받지 못했다. 60년 후 조셉-마리 자카드^{Joseph-Marie} Jacquard가 보캉송의 발명품을 개량한 뒤에야 비로소 직물 산업을 혁신할 새로운 직조 기계의 시대가 왔다. 자카드는 직조 기계에 구멍이 뚫린 카드 기술을 도입했다. 구멍 뚫린 카드는 복잡한 직물 무늬를 생산하는 데 필요한 정보를 담고 있었다. 자카드의 직조기는 프로그램을 할 수 있는 최초의 산업 기계였다. 신기술은 직조공들의 격렬한 반발에 부딪혔지만 1812년 프랑스에서만 1만8000대의 자카드 직조기가 가동되었다.

네덜란드 화가 빈센트 반 고흐Vincent van Gogh도 직조
에 관심이 많았다. 1884년 고흐가 그린 이 그림은 예술작
품인 동시에 시대사의 기록이기도 하다.

직조 기술 분야의 혁신은 새로운 시대의 상징이 되었다. 하지만 새로운 기술이 발전하면서 기계 보조원으로 전락한 노동자들의 임금이 감소했다. 1844년, 독일에서 슐레지엔 직조공들의 대규모 봉기가 일어났다. 거리로 뛰쳐나간 직조공들은 시위를 하며 공장에 몰려 들어가 기물을 파손했다. 봉기가 더욱 고조되자 정부는 군대를 투입했다. 결국 11명이 총살되고 24명이 부상을 입었다. 50년 후 게르하르트 하우프트만Gerhart Hauptmann이 사회극 〈직조공Die Weber〉에서 슐레지엔의 사건을 다루었다.

18

온도계

섭씨와 화씨로 온도를 표시하다

외부의 온도를 재는 온도계, 냉장고의 온도를 표
시하는 온도계, 약품 상자 속에 든 체온계 등 다
양한 온도계가 우리 일상에서 널리 사용된다. 이
중요한 발명품은 여러 아버지를 두고 있다. 그중
에 가장 잘 알려진 발명가는 안데르스 셀시우스
다. 1742년 그가 발명한 온도계가 오늘날까지 사
용되고 있다.

계몽주의 시대 많은 과학자들은 자연현상의 원리에 대한 실마리를 찾기 위해 노력했다. 이에 따라 정확한 온도 측정을 위한 학문적 관심이 대두되었다. 스웨덴의 천문학자이자 물리학자, 수학자였던 안데르스 셀시우스Anders Celsius 역시 온도 측정에 관심이 많았다. 1701년 웁살라 대학도시에서 태어난 셀시우스는 온기와 냉기에 대한 연구에 몰두한 끝에 특별한 온도 측정 눈금을 고안해냈고, 그 눈금은 셀시우스의 이름을 따 셀시우스 도(섭씨. 셀시우스가 중국 발음으로 '섭이사'가 되었고, 그래서 온도 단위를 섭씨라 부른다 - 옮긴이)라고 불리게 되었다. 셀시우스의 연구는 자신이 실시한 열 실험 과정에서 나온 관찰과 경험에 근거를 둔 것이었다. 1742년, 셀시우스는 세계적으로 유명한 자신의 온도 눈금을 도입했는데, 그 눈금은 두 개의 상수, 즉 물의 끓는점과 어는점 간의 온도 차이를 100등분으로 나눈 것이었다. 셀시우스가 표시한 최초의 온도 눈금에는 끓는점이 0도, 어는점이 100도에 있었다. 그가 사망한 지 얼마 지나지 않은 1744년, 섭씨온도는 끝값이 서로 뒤바뀐 상태로 도입되었다. 즉 오늘날 우리가 알고 있듯이 0도와 영하 온도가 아래에 있고, 물의 끓는점이 위쪽에 있는 온도계다.

그런데 안데르스 셀시우스는 비단 온도 측정 분야에서만 진보적인 게 아니었다. 자신의 온도계를 국제적으로 통용되는 온도 척도로 사용하겠다는 그의 생각 역시 진보적이었다. 개인적 명성을 얻는 것에는 크게 관심이 없던 셀시우스는 온도의 표준을 국제화하는 데 집중했다. 이는 말하자면 18세기의 글로벌한 아이디어였다. 당시 제작된 섭씨온도 측정기는 오늘날 널리 사용되는 온도계와 거의 똑같아 보인다. 가느다란 유리관이 길고 납작한 나무판에 부착되어 있고, 유리관 안에는 수은이 들어 있다. 온도가 변할 때마다 수은이 늘어나 위로 올라가거나 줄어들어 아래로 내려간다. 유리관 옆에 표시된 눈금으로 수은의 상태에 따른 섭씨온도를 읽을 수 있다. 셀시우스가 만든 원본 온도계는 현재 웁살라 대학교 박물관에 전시되어 있다.

수은은 온도 표시기를 만들 수 있는 이상적인 특성을 가지고 있다. 상온에서 액체 상태가 유지되기 때문에 열에 의해 늘어나는 과정이 온도에 비례한다. 또한 수은은 유리에 달라붙지 않아 수위를 읽기 편하다.

독일의 물리학자 다니엘 가브리엘 파렌하이트Daniel Gabriel Fahrenheit는 자신의 온도 측정기를 처음 만들 때는 독성이 큰 수은보다 덜 위험한 에탄올을 사용했다. 1686년 단치히에서 태어난 학자 파렌하이트는 셀시우스와 함께 온도계의 선구자로 통한다. 파

프랑스인 르네 앙투안 페르쇼 드 레오뮈르Rene-Antoine Ferchault de Reaumur(1683~1757)는 자신의 온도계 눈금을 알코올로 표시했다. 현재 그의 이름은 세간에서 잊혀졌다.

렌하이트는 여러 가지 측정 기구 개발에 손을 댔지만 온도계 분야에서 특별한 성과를 얻었다. 1714년, 파렌하이트도 에탄올 온도계를 개량된 수은계로 교체했다. 하지만 파렌하이트는 0도를 물의 빙점으로 정의하는 대신 얼음과 소금의 특수 혼합물의 어는점으로 정했다. 이 어는점은 -17.8℃기 때문에 파렌하이트의 수치(화씨)는 셀시우스의 수치(섭씨)와 다르게 표시된다. 파렌하이트는 물의 어는점, 즉 물이 액체에서 딱딱한 고체 상태로 전이되는 순간을 중요한 온도 지표로 여겼다. 그는 화씨 수치에 이 특별한 물의 어는점을 32도로 정의했다. 또 하나의 특별한 온도인 사람의 체온은 화씨 96도로 정했다. 미국에서는 셀시우스의 섭씨온도보다 파렌하이트의 화씨온도를 더 많이 사용한다.

일반적으로 쓰는 두 온도 수치 화씨와 섭씨 외에 학계에서는 캘빈-온도도 사용한다. 이 개념은 영국의 물리학자 윌리엄 톰슨 캘빈William Thompson Kelvin(1824-1907)이 만들어낸 것으로, 캘빈은 섭씨 -273.15도에 해당하는 절대온도 0도를 온도 수치의 기준으로 삼았다.

선구적인 온도계 기술자 셀시우스와 파렌하이트 두 학자 이전에 이미 만능 천재 갈릴레오 갈릴레이도 온도 측정기를 연구한 적이 있었다. 17세기의 다른 여러 학자들과 마찬가지로 공기의 팽창에 대한 실험을 하던 갈릴레이는 고대에서 얻은 지식을 활용해 테르모스코프thermoskop라는 온도 측정기를 만들고 최초의 실험을 했다. 그것은 이미 2세기에 그리스의 의사이자 자연과학자였 갈레노스Galenos

가 만든, 어는점에서 끓는점까지 '열기와 냉기의 온도'가 여덟 눈금으로 분할된 매우 단순한 온도계였다.

오늘날은 학계와 산업계에서 정확한 온도 측정을 하지 않으면 작업이 진행되지 않는다. 수많은 화학 과정이 정밀한 열기 및 냉기 조절에 달려 있다. 아주 작은 오차도 완성품의 오류로 이어져 큰 비용을 들여 해결해야 하는 경우가 생긴다. 이 때문에 오늘날 산업 공장과 연구소 실험실에서는 최첨단 온도계로 측정을 한다.

정확한 온도 측정을 위해 비접촉 온도계를 사용하는 곳은 의학계뿐만이 아니다. 비접촉 온도계는 개별 물체가 가지는 고유한 전자기파를 측정한다. 기존의 접촉 온도계들의 경우는 측정 대상물에 직접 접촉해야 했다. 그런데 그 접촉이 항상 충분히 이루어지지도 않고, 온도계에 의한 온도 전이 자체에 의해 측정 결과가 부정확하게 나오기도 했다. 산업계와 연구 분야에서는 이중 금속판 온도계도 사용한다. 이 온도계는 서로 다른 금속 종류에서 차이가 나는 팽창계수의 활용을 기초로 한다.

하지만 시대마다 다른 어떤 방법으로 온도를 측정하더라도 항상 섭씨와 화씨는 같이 측정된다. 1744년에 사망한 스웨덴 학자 셀시우스는 다른 온도 연구가들과는 달리, 자신의 표준온도 정점을 확정할 때, 시험 측정 시의 기압도 고려했다. 기압의 변화가 물의 응집 상태에 미치는 영향을 반영한 셀시우스는 자신의 온도 수치의 유효성을 기압이 수은주에 760mm에 있을 때로 정의했다. 1948년에야 비로소 국제측정연합 총회에서 스웨덴 학자 셀시우스의 명예를 기리기 위해 온도 지표를 섭씨로 표시하기로 결정했다.

19 [≫]

<u>전기</u>

콘센트에서 나오는 에너지

고대 그리스인들은 전기의 힘을 이미 알고 있었다. 하지만 사람이 자연에서 나온 전기를 다루며 직접 전기 에너지를 생산할 수 있을 때까지는 많은 세월이 흘러야 했다. 전기 분야의 선구적인 연구가로 꼽히는 미국의 벤저민 프랭클린은 1752년에 대단한 실험을 했다.

전기는 우리 생활에 늘 함께하는 동반자다. 하늘에서 번개가 번쩍하는 순간, 우리는 가장 확실하게 전기를 볼 수 있다. 사람들은 과거 수천 년 동안 이 현상을 설명할 수 없어 신비의 영역으로 밀쳐두었다. 고대 그리스인들은 화석 수지 호박을 보고 감탄하고는 했는데, 그 이유는 호박의 아름다움만이 아니라 독특한 성질 때문이기도 했다. 호박이 마법과도 같이 정전기를 띄면 깃털, 먼지, 옷감 조각 같은 가벼운 물질이 쉽게 달라붙었다.

이 정전기 현상은 기원전 600년에 이미 그리스 밀레투스의 자연철학자 탈레스Thales의 관심을 끌었다. 하지만 그로부터 수백 년이 지난 후 계몽주의 시대에

1752년, 다재다능한 벤저민 프랭클린이 하늘의 번개를 붙드는 무모하지만 매우 중요한 실험을 감행했다. 그것은 전기의 이용에 대단히 중요한 실험이었다. 그 외에 프랭클린은 번개 피뢰침의 발명가로 역사에 기록되었다.

들어서야 비로소 전기 분야의 학문적 연구가 본격적으로 시작되었다. 독일인 발명가이자 엔지니어였던 오토 폰 구에리케Otto von Guericke는 세인의 이목을 끄는 '막데부르크 공'을 가지고 진공 실험을 함으로써 물리학사의 한 페이지를 장식하고, 17세기 중반까지 전기 실험에 열중했다. 폰 구에리케는 자신의 전기 기계를 이용해서 전기를 띤 두 물체가 서로 끌어당기기도 하고 밀어내기도 한다는 사실을 발견했다. 그 밖에도 그는 전자기파에 의해 빛이 생산될 수 있다는 연구 결과도 발표했다.

전기 연구 분야에서 또 하나의 중요한 이름은 벤저민 프랭클린이다. 미국 건국의 아버지들 중 한 사람이었던 프

오토 폰 구에리케도 1652년 '막데부르크 공'으로 행한 진공 실험으로 전기 연구의 선구자가 되어 물리학사에 올랐다.

랭클린은 전기현상에도 관심이 많았다. 프랭클린은 실험을 통해 하늘에서 치는 번개를 땅으로 유도하려 했다. 1752년, 그는 뇌우가 퍼붓는 날에 금속 실끈이 달린 연을 하늘에 띄웠다. 프랭클린은 금속이 훌륭한 전기 유도체라는 것을 알고 있었기에 연줄을 손에 쥐는 대신 땅에 고정시켰다. 실험에는 운이 따랐다. 번개가 먼저 연을 때리고 이어서 연줄을 타고 땅으로 유도되었다. 이 실험의 결과로 번개 피뢰침이 만들어졌다. 프랭클린은 전기의 음극과 양극의 개념도 확립했다.

알레산드로 볼타Alessandro Volta도 전기를 연구했다. 볼타의 가장 중요한 발명은 1800년경에 이루어졌는데, 그것은 최초의 기능적인 배터리 '볼타 전지'였다. 전류의 자기 성질에 의해 가능했던 볼타 전지의 발명으로 화학 분야에서도 전기의 활용을 연구하게 되었다.

이때부터 발명품들이 급변하기 시작했다. 영국의 화학자 험프리 데이비Humphrey Davy는 배터리로 전등 구조의 기초로 쓰이는 호광弧光을 만들어낼 수 있다는 사실을 알아냈다. 1810년경, 프랑스 물리학자 앙드레 마리 앙페르Andre Marie Ampere는 전류의 세기를 측정하는 암페어미터를 발명했다. 독일 물리학자 게오르크 시몬 옴Georg Simon Ohm도 자신의 이름을 딴 옴의 법칙으로 전기 역사에 발자취를 남겼다. 자석에 운동을 가하면 전류를 생산할 수 있다는 사실은 마이클 페러데이Michael Faraday 또는 토마스 에디슨Thomas Edison 같은 연구가들이 발견한 매우 중요한 지식이었다. 그것으로 발전기의 작동 원리가 발견된 것이다. 이제 전류를 생산할 수 있게 되었다. 1882년, 바이에른 미스바흐에서 57km 길이의 전선을 거쳐 수도 뮌헨에 전류를 보내는 데 성공했다. 현재에도 당시 발명한 전원으로 에너지 기업의 거대한 전기 발전기가 돌아간다.

증기기관

증기압이 산업혁명을 이끌다

증기기관은 산업혁명의 결정적인 개척자가 되어 산업시대의 개막을 널리 알렸다. 많은 이들이 제임스 와트를 증기기관의 발명가로 알고 있지만 스코틀랜드 출신인 와트는 다만 1769년에 당시 가장 쓸모 있는 증기기관을 시장에 내놓았을 뿐이다.

냄비에 물을 끓이면 물의 증기가 팽창해 발생한 압력이 냄비 뚜껑을 들어 올릴 수 있다. 이 단순한 현상에 증기기관의 원리가 있다. 증기압은 열역학 에너지라고도 한다. 증기압은 비교적 간단하게 만들어낼 수 있지만, 기계를 가동하는 일은 간단하지 않았다. 그 해답은 밸브 기술로 증기압을 실린더에 유입하는 것이었다. 실린더 안에서는 압력에 의해 피스톤이 위아래로 움직인다. 오르내리는 피스톤 운동이 지레를 거쳐 연결된 기계에 전달되면 힘을 받은 기계가 움직여 작업을 실행한다.

18세기 독일에 사는 프랑스인 드니 파팽Denis Papin과 영국인 토마스 세이버리Thomas Savery는 증기기관으로 실험을 했지만, 기계 설비 기술이 충분치 않은 탓에 크게 성공을 거두지 못했다. 1712년, 영국인 토마스 뉴커먼Thomas Newcomen은 석탄갱에서 물을 끌어 올려 양수장을 돌리는 초보적인 증기기관을 개발했다. 이때 증기기관의 효율은 1% 이하였다.

제임스 와트Jame Watt는 뉴커먼의 증기기관을 근본적으로 개선해 효율을 3%로 끌어올렸다. 1769년, 와트가 특허 신청한 증기기관은 실린더 속에 있는 입구 두 개를 이용해 증기를 번갈아 들여보내는 방식이었다. 뉴커먼의 증기기관은 실린더가 식으면서 피스톤이 원위치로 내려오는 방식이었는데, 와트의 증기기관에서는 이 과정이 없어졌다. 이렇게 해서 생산된 에너지가 실제 기계 작동 쪽으로 더 많이 유입되었다. 그 회전운동은 동륜(동력을 전달하는 바퀴 – 옮긴이)에 거는 벨트를 통해 기계에 전달되었다. 와트는 증기기관의 힘을 마력으로 표기했다. 와트는 당시에 통용되던 마력과 증기력을 비교함으로써 동시대인들에게 증기기관의 경제성을 명확하게 설명할 수 있었다.

증기기관은 대부분 농업, 광산업, 섬유 제조 분야에 이용되었다. 이후 고기압 증기로 움직이는 전차도 실험되어 증기력은 1825년부터 마침내 기관차 운행과 선박 운항에도 효과적으로 활용되었다. 증기기관이 없었다면 19세기 중반에 시

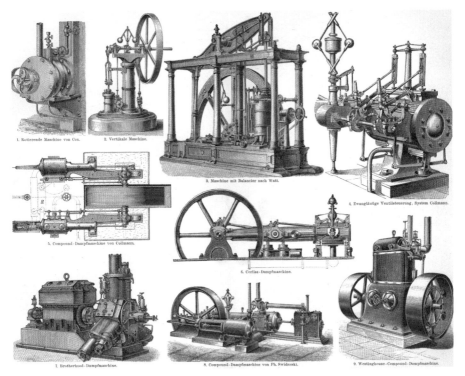

19세기 증기기관 기술은 거의 모든 산업 분야의 수많은 특수 기계에 활용되었다.

작된 산업혁명은 생각할 수도 없었을 것이다. 오늘날 증기기관은 더 높은 효율을 내고 더 쉽게 다루기 쉬운 현대식 내연기관이나 전기모터로 대체되었다.

프로이센에서도 와트식 증기기관이 가진 장점에 주목했다. 물론 프로이센 측에서는 증기기관을 자체적으로 제작하려는 의도로 산업 스파이 활동과 시장 해적 행위도 서슴지 않았다. 프로이센의 외교 사절 두 사람이 와트와 구매 계약을 하겠다는 명목으로 영국으로 건너가 먼저 기계를 샅샅이 살펴보고 전문가의 눈으로 시험해보았다. 이 산업 스파이 활동은 프로이센 측의 의도대로 만족스럽게 이루어졌다. 그래서 프로이센에서는 1783년에 이미 와트의 모델에 따른 증기기관을 자체적으로 완성할 수 있었다.

항공

하늘을 날겠다는 인류의 오랜 꿈

새처럼 하늘을 나는 꿈은 인류의 역사만큼이
나 오래되었다. 기원전에도 이미 여러 학자들은
땅에서 떠오를 수 있는 방법에 대해 생각했다.
1783년, 몽골피에 형제가 최초로 풍선 열기구를
만드는 데 성공함으로써 하늘을 나는 대모험이
시작되었다.

≫ 공중의 지배자는 새, 박쥐, 날아다니는 곤충이다. 이들은 날쌔고 민첩하게 공중에서 급강하하거나 가볍게 떠 있을 수도 있다. 또 공중에서 멈춰 서거나 엄청난 거리를 단번에 날아갈 수도 있으며 훌륭한 내비게이션 시스템도 지니고 있다. 그러니 인류가 날개 달린 동물들을 모방해 공중을 날아오르는 꿈을 꾸어왔다는 건 놀라운 일이 아니다. 이와 관련해 다이달로스(크레타 섬의 미궁을 지었다는 그리스의 전설적인 명장 – 옮긴이)와 이카로스(다이달로스의 아들. 밀랍 날개를 달고 크레타 섬을 탈출하려다 태양열에 밀랍이 녹아 바다에 추락했다 – 옮긴이)의 이야기가 전해진다.

고대 그리스 신화에 나오는 다이달로스와 이카로스는 깃털로 날개를 만들어 실제로 날 수 있게 되었다. 크레타 섬 감옥에 갇혀 있던 두 사람은 날개를 달고 도망치려 했다. 아버지 다이달로스는 아들 이카로스에게 너무 높이 올라가지 말라고 경고했다. 태양열 가까이에 다가가면 날개를 붙인 밀랍이 녹기 때문이었다. 하지만 아버지의 경고를 무시한 이카로스는 밀랍이 녹아 결국 바다에 떨어져 죽었다. 이 신화는 너무 높이 오르려고 하는 사람을 빗댄 것이다.

이탈리아의 만능 천재 레오나르도 다빈치도 높이 날아오르려 했다. 그는 현대의 헬리콥터를 연상케 하는 매우 놀라운 비행기구 설계도를 남겼다. 또한 다빈치는 1505년경 직접 제작한 기구로 비행 실험도 했지만 형편없는 실패로 끝나고 말았다. 중국 최초의 비행 실험은 좀 달랐다. 중국인들은 조종할 수 있는 거대한 연에 사람을 태워 하늘 높이 띄웠다. 하늘 높이 띄운 연에 벨트로 단단히 묶인 정찰병이 공중에서 적군의 동태를 엿보았다고 한다. 하지만 이 연 실험이 실제로 성공을 거두었는지는 전해지지 않는다.

형 조제프 미셸Joseph Michel과 동생 자크 에티엔느Jacques Etienne, 이 몽골피에Montgolfier 형제는 프랑스 왕 루이 16세의 지시를 받고 신중하게 일을 진행했다. 루

1783년 11월 21일, 몽골피에 형제가 개발한 풍
선 열기구가 파리의 불로뉴 숲에서 승무원을 태우
고 처녀비행을 했다.

이 16세는 두 형제의 풍선 열기구 실험에 대한 소식을 듣고 1783년 6월 5일, 이들 형제를 베르사유 궁으로 초대해 직접 비행을 해 보이도록 했다. 형제는 궁전 정원에서 비행선에 오리, 숫양, 닭을 태워 하늘로 띄웠고, 동물 승무원들은 무사히 땅에 돌아왔다. 그러자 왕은 사람을 열기구에 태우는 실험을 해도 좋다는 승인을 내렸다. 그해 11월 21일, 풍선 열기구가 두 사람을 태우고 땅에서 떠올라 25분간의 비행을 마친 뒤 되돌아왔다. 시험비행이 성공한 것이었다. 그 이후 몽골피에 형제는 비행에 최초로 성공한 선구자가 되었다.

공기보다 더 가볍다는 원리는 하늘을 날게 하는 데는 확실히 도움이 됐지만 공중에 떠 있는 동안 기구를 조종할 수는 없었다. 19세기 말, 독일인 오토 릴리엔탈Otto Lilienthal은 새가 공기보다 분명히 더 무거운데도 공중에서 안정감 있게 움직이고 균형을 유지할 수 있는 것에 대해 집중적으로 연구했다. 릴리엔탈의 연구에는 스위스 물리학자 다니엘 베르누이Daniel Bernoulli가 18세기 중반에 발견한 원리가 기초가 되었다. 베르누이는 흐르는 기체가 움직이지 않는 기체보다 물체에 압력을 더 적게 가한다는 사실을 알아냈다. 기체의 유동 속도가 빠르면 빠를수록 물체에 가하는 압력이 낮아진다. 이 원리를 비행기의 주익(비행기 동체 좌우로 뻗은 날개 – 옮긴이)에 적용하면 속도가 빠를 때 주익의 아랫면에 압력이 발생하고, 윗면에는 빨아들이는 공기의 흐름이 발생한다. 이런 방식으로 비행기가 추진력을 얻어 날아오르게 되는데, 이때 추진 모터로 동력을 생산해야 한다. 행글라이더는 바람이나 비행 견인도구로 공중에 올려야 한다. 그리고 하늘에서 가능한 오래 머물기 위해 상승기류를 이용한다.

비행기의 비행 상태에 매우 중요한 요소는 추진력에 의해 영향을 받는 주익의 형태다. 그리고 추진 효과를 내기 위해 일정한 최저 비행 속도도 필요하다. 항공기의 경우는 최저속도가 시속 400㎞에 이른다. 또한 안전한 착륙을 위해 속도를 줄이기 위한 기술적 트릭을 이용한다. 주익에 있는 착륙용 개폐식 판으로 낮은

독일 엔지니어이자 비행의 선구자인 오토 릴리엔탈이 직접 제작한 비행기구로 활공 실험을 하고 있다.

속도에서도 높은 추진력을 올릴 수 있어서 출발 시와 착륙 시 비행 속도를 시속 250~300㎞로 낮출 수 있는 것이다.

다시 비행 선구자 오토 릴리엔탈 이야기로 돌아가자. 1891년, 릴리엔탈은 최초의 활공(바람과 양력만으로 공중에 오르는 것 – 옮긴이)에 성공했다. 그는 새들의 비행 자세와 날개 구조를 정확하게 관찰한 뒤, 자신의 비행기구에 아치형으로 휘어진 주익을 달아 실험하고, 그 밖에도 여러 가지 주익 모델을 실험했다. 하지만 적합한 모터를 사용할 상황이 안 되었던 릴리엔탈은 활공을 넘어설 수 없었다. 그는 자신의 행글라이더를 타고 베를린-리히터펠데 언덕을 날아올라 비행에 성공했다. 이후에도 여러 실험을 진행하던 릴리엔탈은 1896년 8월 10일, 활공 중 상승기류의 이상으로 인해 15m 공중에서 떨어져 사망했다.

라이트 형제의 설계도에 따라 만들어진 복엽기가 유럽의 하늘도 정복했다. 1908년 사진.

릴리엔탈이 얻은 지식을 토대로 미국의 라이트 형제는 내연기관이 달린 비행기를 제작해 1903년 12월 7일, 처녀비행에 나섰다. 비행시간은 겨우 12초였지만, 이 실험의 성공 이후 비행기 제작 붐이 일어났다. 1차대전에 이미 정찰기, 전투기, 폭격기가 투입되었다. 이때 독일의 전투기 조종사 만프레트 폰 리히트호펜Manfred von Richthofen이 조종한 비행기 '붉은 남작'은 전설이 되었다.

종전 후에는 다시 전투 목적이 아닌 민간 항공 발전에 집중했다. 1927년에 찰스 A. 린드버그Charles A. Lindbergh는 세간의 관심을 한 몸에 받으며 뉴욕에서 파리까지 대서양 횡단 비행에 성공했다. 린드버그는 약 34시간에 걸쳐 논스톱으로 5800km 떨어진 목적지에 도달했다. 그 일은 장거리 이동수단으로 떠오른 비행기가 선박을 대체하는 새로운 시대의 출발점이었다. 하지만 1950년대 제트엔진 사용이 보편화되어 항공 교통에 일대혁신이 일어난 뒤에야 비로소 비행기는 먼 목적지를 빠르고 경제적으로 날아갈 수 있게 되었다.

독일의 발명가 페르디난트 폰 체펠린Ferdinand von Zeppelin은 공중에 편안하게 떠 있고자 하는 꿈으로 비행선을 만들었다. 그런데 1937년에 뉴욕에서 착륙 중 일어난 힌덴부르크호의 비극적 사고로 비행선 운항은 제동이 걸렸다.

대신 다른 이의 꿈이 이루어졌다. 다름 아닌 레오나르도 다빈치가 15세기에 수직으로 출발하는 비행기에 대한 연구를 했는데, 현대의 헬리콥터와 비슷한 그의 아이디어는 20세기에 매우 성공적으로 실현되었다. 1941년, 독일이 최초의 헬리콥터 포케-아크겔리스 Fa-223기를 대량생산했다.

"창조물 중에 으뜸인 너를 먼지에 바치라는 것, 너에게 비행을 영원히 불허한다는 것이 네 창조주의 뜻일 수는 없다!" _오토 릴리엔탈

22

통조림

식료품 세계를 정복한 깡통

나폴레옹은 자신의 군대에 식량을 공급하기 위한 최적의 방법을 찾기 위해 아이디어 공모를 했고, 여기에서 저장용 병조림이 채택되었다. 이후 영국에서는 금속 통조림통이 개발되어 1810년에 특허가 났다.

≫ 통조림통을 좋아한 팝 아트 예술가 앤디 워홀^{Andy Warhol}은 1968년 '캠벨 토마토 스프'라는 기념비적인 작품을 남겼다. 다름 아닌 통조림통을 묘사한 것이었다. 통조림통은 해마다 3000억 개가 생산된다. 내용물을 오랫동안 보존할 수 있는 통조림은 몇 년이 지난 후에도 안심하고 먹을 수 있다. 저장품을 비축하기 시작한 후부터 인류는 식품을 어떻게 보관할 수 있을지에 대해 끊임없이 생각했다. 그중 한 방법이 고기, 생선, 빵, 과일을 건조시키는 것이었다. 그런데 건조 방식으로는 과일에서 중요한 비타민이 손실된다는 단점이 있었다. 특히 오랜 항해에서 주로 소금에 절인 고기와 딱딱한 빵만 먹을 경우, 괴혈병이 발생해 많은 희생자가 나기도 했다. 18세기부터는 소금을 이용하여 그 문제를 해결했다. 음식을 소금물에 담가두면 오랜 기간 보존할 수 있었고, 무엇보다 비타민이 손실되지 않아 수많은 선원의 목숨을 구할 수 있었다. 이 밖에도 훈제, 설탕 치기, 기름에 담그기 등의 보존법이 있었다.

1795년, 당시 프랑스 군대 최고 지휘관이던 나폴레옹 보나파르트^{Napoleon Bonaparte}는 군인들의 근심과 곤궁을 잘 알고 있었고, 특히 행군 중인 군대의 급식 문제가 심각하다고 생각했다. 비축 식량이 항상 충분한 게 아니었기에 식량 조달을 위한 해결책을 찾아내야 했다. 나폴레옹은 아이디어를 공모하며 최고의 제안에 상금 1만2000금화 프랑켄을 내걸었다. 이 공모에서 파리의 과자 제조인 니콜라 아페르^{Nicolas Appert}가 상금을 차지했다. 그는 유리병에 과일과 채소를 담아 공기가 통하지 않게 막은 후 가열했다. 이 방법은 오늘날에도 과일과 잼을 끓일 때 쓰는 식품 살균 방식이다.

앤디 워홀은 1960년대에 캠벨 제조사의 통조림 전체를 작품의 소재로 삼음으로써 통조림통은 영원한 예술작품으로 승화했다.

1810년, 영국인 피터 듀란드^{Peter Durand}는 병조림에서 한 걸음 더 나아갔다. 듀란드는 금속으로 된 통조림통으로 특허를 냈고, 3년 후 최초의 통조림 공장을 가동해 영국 군대에 통조림을 납품했다. 물론 당시에는 힘을 써야만 통조림 속 내용물을 꺼낼 수 있었다. 군인들은 총검으로 통조림통을 쳐서 열었다. 실용적인 통조림 따개는 1855년에야 발명되었다. 그런데 통조림 뚜껑을 납땜으로 처리했기 때문에 납중독에 시달리는 군인들이 적지 않았다.

프랑스 과자 제조인 니콜라 아페르. 통조림의 개척자 중 한 사람이다.

영국의 존 프랭클린^{John Franklin}이 이끈 원정대는 1845년에 유럽과 아시아 간의 최단거리 항해 노선을 찾기 위해 떠나면서 통조림을 대량으로 준비해 갔다. 하지만 1846년, 배 두 척이 거대한 얼음덩이에 박혀 꼼짝할 수 없게 되었다. 2년이 지난 후에 선원들은 배를 포기하고, 350km나 떨어져 있는 초소로 걸어서 이동했다. 그러나 아무도 초소에 도착하지 못하고 원정대원 129명 모두 사망했다. 사람들이 원정대의 잔해를 발견해 검시한 결과, 선원들은 극심한 납중독에 시달렸으며, 그것이 사망의 결정적 원인이었다는 것이 밝혀졌다.

현대의 통조림통은 납중독을 일으키지 않는다. 양철이나 아연을 입힌 강철로 제조되는 요즘의 통조림통은 전혀 독성이 없고, 금속에서 나오던 불쾌한 맛도 사라졌다. 통조림은 내용물을 채운 후 진공으로 폐쇄하고 가열해 저온 살균한다. 그런데 19세기의 통조림통은 널리 사용되는 소비재가 아니었다. 통조림통 제작에 너무 많은 비용이 들었기 때문이다. 통조림은 산업화가 진행되면서 효율적인 대량생산이 가능해진 1900년경에 와서야 비로소 널리 소비되었다.

23

자전거

빠르고 튼튼하고 환경친화적이다!

프랑스 사람들은 자전거를 '벨로'라고 부르고, 이
탈리아 사람들은 사랑스럽게 '비치'라고 한다. 하
지만 자전거의 아버지는 독일인 칼 프라이헤어
폰 드라이스다. 그는 1817년에 자전거의 전신을
발명했다.

‘벨로’. 마치 애칭 같기도 한 이 단어는 ‘벨로시피드 비시클레Velocipede bicycle’의 약자다. 이 단어는 빠르다는 뜻의 라틴어 ‘베록스velox’, 발이라는 뜻의 단어 ‘페데스pedes’ 그리고 그리스어에서 차용한 두 바퀴를 뜻하는 단어 ‘비시클레 bicycle’에서 유래한다. 페달, 톱니, 사슬이 달린 두 바퀴는 다리의 근력으로 빠르게 움직인다. 자전거는 짧은 구간에 적합한 운행수단이지만 장거리 여행이나 경주에도 이용할 수 있다. 자전거는 다양한 스포츠 기구 및 운행수단으로서 군대와 우체국에서도 사용되고, 경찰관의 순찰과 꽉 막힌 시내를 통과하는 배달수단으로도 새롭게 각광받고 있다. 인력을 사용하는 교통수단의 가장 큰 장점은 배기가스가 유출되지 않는다는 것이다.

17세기 중반 독일 뉘른베르크 출신의 슈테판 파플러Stephan Farfler는 앉아서 수동 크랭크와 톱니바퀴 변속으로 움직일 수 있는 ‘탈것’을 고안했다. 원래 시계공이었던 파플러는 톱니바퀴의 원리에 대해 잘 알고 있었다. 또한 신체장애자이기도 했던 파플러는 그 ‘탈것’을 통해 자신의 잃어버린 운동성을 다시 찾는 데 심혈을 기울였다. 파플러의 세 바퀴 나무 자전거는 모양이 비록 현대의 휠체어와 장난감 마차를 혼합한 형태같이 보이지만 현대 하이테크 기술이 반영된 자전거로 발전하는 길을 닦은 중요한 발명품 중 하나였다.

자전거의 진정한 아버지로 통하는 사람은 독일 칼스루에 출신의 칼 프라이헤어 폰 드라이스Karl Freiherr von Drais다. 그는 건축, 농업, 물리학을 전공하고 1811년부터 실용적 물건 발명에 뛰어들었다. 드라이스가 이룬 가장 중요한 업적은 1817년에 만든 최초의 두 바퀴 운행수단이었는데, 그 형태는 오늘날 자전거와 매우 흡사했다. 운전자가 앞뒤로 연결된, 살이 달린 나무 바퀴 사이에 앉아 발로 땅바닥을 박찬다. 그렇게 해서 처음으로 말을 이용하지 않고도 평평한 길에서 빠르게 달릴 수 있었다.

1820년부터 드라이스는 움직이는 핸들을 부착했다. 이 두 바퀴 자전거는 곧

칼 프라이헤어 폰 드라이스가 발명한
초기 형태의 자전거. 이것은 '드라이
지네'로 불렸다.

'드라이지네'로 불렸다. 자전거는 오늘날 다시 유행을 탄다. 자전거를 어린이용으로 만들어 근육, 균형, 조정력을 기르는 데 쓰기도 한다. 드라이스의 두 바퀴 자전거는 비록 당시 큰 반향을 얻지는 못했지만 자전거의 시초가 되었다.

1862년, 프랑스인 피에르 미쇼Pierre Michaux는 드라이스의 자전거를 개량해 앞바퀴에 크랭크를 장착하는 아이디어로 새로운 제품을 만들어냈다. 그리고 깃털을 채운 더 편안한 안장도 설치하고 '벨로시피드'라는 이름을 붙여 1867년 파리 세계 박람회에 전시했다. 관람객의 긍정적인 반응을 확인한 미쇼는 곧 두 바퀴 자전거 회사를 차리고 본격적인 생산에 나섰다. 두 바퀴 자전거가 크게 유행하자 미쇼와 거의 비슷한 시기에 프랑스의 피에르 랄레망Pierre Lallement, 독일의 필립 모리츠 피셔Philipp Moritz Fischer, 영국의 제임스 스탈리James Starley 등 다른 두 바퀴 자전거 제조자들도 생산에 나섰다. 스탈리는 1871년부터 자신이 개발한 혁신적인 제품들을 시장에 내놓기 시작했다. 스탈리의 두 바퀴 자전거는 바퀴에 고무테를 둘러 주행 성능을 비약적으로 개선했다. 또한 지름이 125㎝에 이르는 앞바퀴를 페달로 직접 움직여 효율성을 크게 증가시켰다. 뒷바퀴는 앞바퀴보다 훨씬 작아 지름이 35㎝이었다. 그 밖에 바퀴살도 나무가 아니라 철사로 만들었다. 이 새로운 자전거의 가장 큰 단점은 안장이 높아서 생길 수 있는 사고의 위험이었다. 자전거가 넘어지는 일이 종종 일어났고, 넘어질 때 운전자가 도로에 머리를 부딪쳐 치명적인 머리 손상을 입기도 했다. 그런 위험에도 불구하고 자전거는 큰 인기를 끌었다. 자전거가 어마어마하게 비쌌기 때문에 자전거 소유자들의 자부심은 대단했다. 그들은 자신들의 자전거를 '댄디dandy(멋쟁이) 자전거'라고 부르기도 했다. 이들 중 일부는 배타적인 동아리를 만들어 자전거를 타기도 했다. 당시 자전거는 시속 40㎞까지 속도를 냈다.

1878년, 자전거 구조에 또 하나의 중요한 발전이 이루어졌다. 페달 및 체인과 연결된 뒤축에 있는, 크기가 서로 다른 톱니바퀴를 통해 매우 효율적으로 힘을

자전거의 전신이 된, 조금은 우스꽝
스러워 보이는 탈것들.

전달할 수 있게 되었기 때문이다. 제일 큰 첫 번째 톱니바퀴를 페달로 돌림으로
써 뒤에 있는 그보다 작은 추진 톱니바퀴가 여러 번 회전한다. 더욱이 새로운 자
전거는 앞바퀴가 큰 자전거보다 훨씬 더 안전해서, 이제는 더 이상 높은 공중이
아닌 바닥과 가까운 곳에서 자전거를 몰 수 있었다. 게다가 볼 베어링 기술의 발
전으로 바퀴가 구를 때의 마찰이 현저하게 감소되어 주행성도 개선되었다. 바퀴

테의 재질도 날이 갈수록 최적화되었다. 무거운 나무 테를 뒤로 하고 이제는 구멍이 뚫린 강철관으로 바퀴 테를 만들어 자전거 몸체의 무게를 현격하게 줄였다. 이것은 오늘날에도 자전거 제조의 핵심으로서 자전거 설계자들은 무게와 안정성과의 최적 관계를 가장 중요시한다. 가벼운 알루미늄 테로 자전거를 제작하는 경우도 많다.

1888년, 공기 주입 타이어의 개발로 승차감이 크게 개선되었다. 스코틀랜드의 수의사 존 보이드 던롭John Boyd Dunlop이 발명한 공기 주입 타이어는 울퉁불퉁한 길을 달릴 때의 충격을 다소 완화해주었다. 타이어의 질에 있어 현재에도 알려진 또 하나의 이름은 프랑스의 미쉐린Michelin 형제다. 2년 후에 이들은 분리할 수 있는 고무 타이어를 발명해 자전거 역사에 기념비를 세웠다.

특히 자전거로 장거리 여행을 할 때는 타이어와 안장의 편안함이 중요하다. 마침내 1903년, 독일의 자전거 회사 피히텔&작스는 기어 전환 장치로 운행을 최적화하는 동시에 후진 브레이크를 달아 자전거를 보다 안전하게 만들었다. 이 중요한 발명품은 그해에 대량생산되었고, 그 영향으로 최초의 투르 드 프랑스(프랑스 전역을 23일 동안 질주하는 세계 최고 권위의 도로일주 사이클 대회 – 옮긴이)가 개최되었다.

자전거는 가장 저렴하고 가장 생태학적인 개인 교통수단이었고, 현재도 그렇다. 자전거로 상당히 긴 구간도 다닐 수 있다. 산업화와 도시의 성장으로 직장 근처에 사는 일이 점점 드물어지면서 자전거는 더욱 주목을 받고 있다. 오늘날 자동차와 촘촘한 대중교통망이 있어서 일부에서는 예전보다 이동수단으로 자전거를 많이 타지는 않지만, 여가 및 레저 수단으로 타는 사람들은 점차 늘고 있다. 그리고 아직도 많은 아시아 국가들에서는 자전거가 여전히 가장 중요한 교통 및 운송수단이다.

"자전거만큼 유용성과 쾌적함이 밀접하게 결합된 발명품은 존재하지 않는다." _ 아담 오펠Adam Opel(1837~1895)

24

철도

전속력으로 세계를 누비다

고대 그리스와 로마인들은 초기 형태의 선로교
통을 이용할 줄 알았고, 르네상스 초기에도 채굴
작업에 선로 운송이 이용되었다. 증기기관이 발
명되자 그 기술을 이용한 혁신적인 교통수단이
개발되었다. 1825년, 영국의 스톡턴과 달링턴
사이에 세계 최초의 철도 운행이 이루어졌다.

≫ '선로교통'의 초기 형태는 고대 그리스와 로마에서 이미 시작되었다. 그들은 수레바퀴 자국을 이용해 도로에 길을 내면 마차나 황소가 끄는 수레를 더 수월하게 움직일 수 있다는 것을 깨달았다. 길에 난 골을 따라가는 방법으로 수레가 좀처럼 이탈하지 않게 되자 길도 비교적 안전해졌다. 수레가 보행자를 치는 사고는 당시 일상적인 일이었다. 로마인들은 수레바퀴 자국을 대규모로 만들어 매우 발전된 도로체계를 구축했다.

이 아이디어는 1500년경, 지하에서 석탄·소금·광석 등 광물의 대량 채굴이 활기를 띠면서 다시 채택되었다. 갱도 속에서 광맥을 덮은 토사와 귀한 지하자원을 더 효율적으로 파내기 위해 레일을 설치하여 무개화차가 오가도록 했다. 처음에는 나무로 레일을 제작했지만 1750년경에 주철로 대체되었고, 19세기에는 압연 강철로 제작해 더 큰 하중을 감당할 수 있게 했다.

1769년 제임스 와트가 완성한 증기기관이 다양한 분야에 응용되면서 레일의 운송수단으로도 증기기관을 이용하는 가능성에 관심이 집중됐다. 하지만 최초의 시도는 당시 증기기관의 크기가 너무 거대한 탓에 실패로 돌아갔다. 증기기관의 효율성이 개선되자 증기로 가동하는 레일 교통에 대한 아이디어는 다시 구체화되었다. 1804년, 영국의 발명가 리처드 트레비식Richard Trevithick은 활용 가능한 최초의 증기기관차를 만들어 레일에 올려놓았다. 영국의 서남부 웨일즈 철도에 다섯 칸의 객차를 끌 수 있는 그의 증기기관차가 들어섰다. 이 증기기관차는 철 10t과 인부 70명을 실을 수 있었다. 하지만 무거운 하중에 안정적이지 못한 주철 철로가 이 교통 시스템의 문제였다. 이 때문에 과감하게 새 기술에 투자하려는 투자자가 나타나지 않았다.

트레비식과 마찬가지로 조지 스티븐슨George Stephenson도 탄광 화부 출신이었다. 스티븐슨 역시 갱 철도에 대한 경험을 수집했다. 그는 증기로 움직이는 기관차의 잠재력을 잘 알고 있었다. 압연 강철로 제작한 개량된 선로를 깔기만 하면 되는 일이었다. 1825년, 스티븐슨의 지휘로 영국 북부 지역 스톡턴에서 달링턴까지 40㎞ 구간에 세계 최초의 철도 노선이 운행되었다. 성능이 우수한 스티븐슨의 '교통 기관'은 트레일러 36개를 끌 수 있었다. 4년 후 스티븐슨의 증기기관차 '로켓'은 레인힐 기차 경주에서 경쟁자들을 월등하게 물리치고 철도 개척자들의 전설이 되었다. '로켓'은 당시에는 상상할 수 없는 속도인 시속 48㎞를 낼 수 있었다.

1829년 레인힐에서 열린 전설적인 기차 경주는 어떤 유형의 증기기관차가 리버풀에서 맨체스터까지 계획된 철도 구간에 가장 적합한지를 알아내기 위한 것이었다. 증기기관차 설계사 다섯 사람이 자신의 기관차를 가지고 시합에 참가했다. 증기기관차는 기차 자체 무게의 3배를 끌면서 최저 속도가 시속 16㎞에 이르러야 한다는 것이 조건이었다. 우승자는 500파운드를 상금으로 얻게 되어 있었다. 하지만 더욱 중요한 것은 경주에서 이기는 기관차가 중요한 노선을 운행할 가능성이 크다는 것이었다. 조지 스티븐슨은 자신의 증기기관차 '로켓'으로 유일하게 목적지에 도착해 우승자가 되었다. 그는 경주에서 이기고 난 후 로켓 모델 증기기관차 8대를 리버풀–맨체스터 구간에 공급하기로 계약했다.

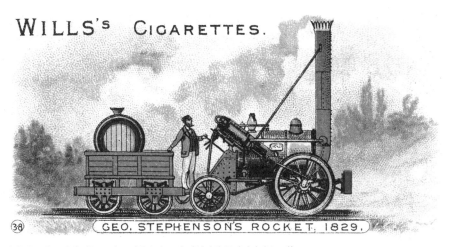

WILLS's CIGARETTES.

㊳ GEO. STEPHENSON'S ROCKET, 1829,

담배 광고에 그려져 있는 조지 스티븐슨과 그의 전설적인 증기기관차 '로켓'.

스티븐슨은 영국 철도에 가장 중요한 사람이 되었다. 지속적인 기술 개발, 외국으로의 철도 수출과 건설이 모두 스티븐슨의 책임 아래 진행됐다. 독일 최초의 증기기관차 '아들러'도 스티븐슨의 철도 공장에서 제작되었다. 아들러는 1835년 12월 7일부터 프랑켄 지방의 뉘른베르크와 퓌르트 간에 운행되었다. 첫 운행에서 아들러는 6.05km 구간을 9분에 주행했다. 아들러는 노선 운행에서 객차를 9칸까지 연결해 승객 약 200명을 운송할 수 있었다. 당시 많은 사람들은 증기와 불을 뿜어내는 강철 기관차를 자연의 균형을 무너뜨리는 악마의 기계로 여겼다. 하지만 새 교통수단이 이끄는 승리의 행진을 막을 수는 없었다.

레일 운송수단의 장점은 확실한 신뢰성에 있었다. 마차는 비가 내릴 때 웅덩이에 빠지기도 하고, 땅이 팬 곳을 지나다 나무 바퀴가 부서지기도 했지만, 철도는 악천후에도 목적지에 안전하게 도착했다. 특히 산업혁명으로 인해 대량의 물건을 빠르고 안전하게 운반할 수 있는 운송수단이 필요했다. 그에 따라 철도망은 점점 더 촘촘해졌다.

새 기술은 신대륙에서도 크게 각광받아 미국에도 거대한 철도망이 생겼다. 1869년, 뉴욕에서 샌프란시스코까지 동해안과 서해안을 잇는 최초의 대륙 횡단 노선이 개통되었다. 구간은 5319km에 이르렀다. 1861년~1865년에 일어난 남북전쟁에서도 철도는 중요한 역할을 했다. 대규모 군대와 보급품의 수송을 철도로만 해결할 수 있었기 때문이다. 이때 철도는 군사 전략에 있어 중요한 요소가 되었다.

20세기 중반, 승객과 물건을 운반하는 가장 중요한 대중교통 수단이 된 철도는 매우 환경친화적인 수단으로 여겨졌다. 예전의 증기기관차는 디젤 기관차였지만, 20세기에는 대부분 전기로 운행되는 기차로 대체되었다. 기차 여행은 편안하고 안전하며 가격이 싸다. 오리엔트 익스프레스 같은 호화 열차는 특별한 여행 체험을 제공한다. 1830년경 철도 역사 초기에는 330km의 노선을 운행했지

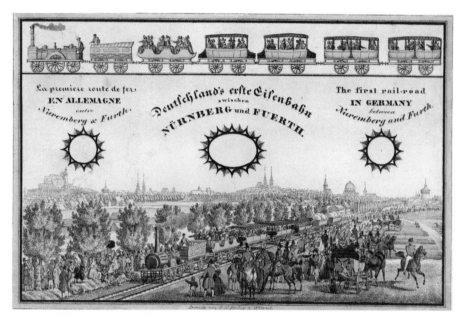
1835년 뉘른베르크와 퓌르트 구간을 달린 기념비적인 독일 최초의 철도 운행.

만 오늘날 전 세계의 철도 노선은 110만㎞가 넘는다. 고속열차의 경우에는 시속 300㎞가 넘어 비행기의 역할을 대신하기도 한다. 19세기 말, 철도 전성기에는 기차역들을 호화로운 현대 대성당 양식으로 지었다. 오늘날에도 기차역들은 여전히 그들만의 특별한 매력을 뽐내며 넓은 세계로 가는 문의 역할을 한다.

"나는 철도로 떠나는 것을 결코 여행이라고 일컬을 수 없다. 철도로는 사람이 한 장소에서 다른 장소로 운송되는 것이니 짐과 다를 바가 없기 때문이다." _ 존 러스킨John Ruskin(1819~1900)

25

사진

셔터를 누르는 순간, 기억은 기록된다

커다란 나무 상자로 된 카메라 옵스쿠라가 사진의 역사를 열었다. 1839년, 사진의 개척자 루이 다게르는 자신의 발명품을 대중에 공개했는데 그것이 다게레오 타입(은판 사진법)이라는 이름으로 역사에 올랐다. 오늘날은 많은 사람들이 디지털 카메라를 사용한다.

≫ 카메라 셔터를 누르는 순간 아름다운 휴가의 추억이 사진에 담긴다. 순간의 감동을 사진용지에 붙들어두는 것을 가능하게 만든 사람은 두 프랑스인이었다. 그중 조셉 니세포르 니엡스Joseph Nicephore Niepce(1765~1833)는 현실 생활의 장면을 사진으로 남기는 것에 성공한 최초의 인물이다. 여기에는 카메라 옵스쿠라Camera obscura(카메라의 전신)를 사용했다. 이 상자 카메라에는 대물렌즈 대신 작은 구멍이 있었다. 작은 구멍을 통해 들어오는 한 줄기 빛에 의해 투사 효과가 일어나는 것이다. 기계 외부에 있는 대상물이 상자 내부 안쪽에 거꾸로 된 상으로 맺혔다.

이 카메라는 르네상스 시대부터 제작되었다. 천문학자들은 눈을 상하지 않게 하고도 태양의 흑점이나 일식을 관찰하기 위해 이 기계를 이용했다. 니엡스의 아이디어는 카메라 옵스쿠라의 투사물을 빛에 민감한 염화은 종이에 포착해두려는 것이었다. 이 방법으로 실제로 사진을 고정시키는 데는 성공했지만, 사진은 잠시 동안만 보이다가 곧 바래버리고 말았다. 니엡스는 실험을 계속하고, 새로운 사진판 코팅에 대해 연구해 1826년, 변하지 않는 최초의 사진을 얻는 데 성공했다. 그가 찍은 건 작업실 창문 밖으로 보이는 풍경이었다. 이 획기적인 발명품에는 한 가지 단점이 있었는데, 빛 노출 시간이 8시간가량이나 된다는 것이었다.

극장 화가 루이 다게르Louis Daguerre는 같은 고향 사람인 니엡스의 실험에 무척 고무되어 그의 조수가 되었다. 두 사람은 팀을 이뤄 더 짧은 시간에 최적의 노출을 얻을 수 있는 방법을 연구했다. 1833년, 니엡스가 사망한 뒤 다게르가 해결책을 발견했다. 수은 증기로 칠한 사진판을 이용하면 단지 4분만 노출하면 되었다. 이 발견이 사진 기술 발전에 중요한 돌파구가 되었다. 1839년, 다게르는 자신의 발명품인 다게레오 타입을 대중에 공개해 역사의 한 페이지를 장식했다. 다만 이 기술로 완성된 사진은 물론 원판이 있었지만 그 원판으로는 인화를 할 수 없었다.

다게르의 발명 이후 얼마 지나지 않아 영국인 윌리엄 헨리 톨벗William Henry Talbot

이 인화 기술을 개발했다. 톨벗의 사진은 비록 다게르의 사진처럼 고급스럽지는 않았지만 대신 음화 인화를 만들어낼 수 있었다. 곧이어 몇 년 사이에 사진은 예상 밖의 인기를 얻어 개인의 추억 사진뿐만 아니라 저널리스트의 언론 작업에서도 각광을 받았다. 중요한 역사적 사건들을 사진으로 촬영해 신문에 인쇄하는 일도 가능해졌다. 특히 1861년~1865년, 미국의 남북전쟁에 새로운 사진 기술이 사용되었다. 사망한 군인과 파괴된 도시의 사진들은 전쟁의 잔인성을 처음으로 적나라하게 보여주었다.

　당시의 카메라는 아직 사진을 찍을 때마다 새로운 사진판을 놓아야 했는데 1889년의 발명으로 조작이 더 간편해졌다. 뉴욕의 조지 이스트먼^{George Eastman}이 여러 사진을 차례로 찍을 수 있는 최초의 롤필름을 시장에 내놓은 것이었다. 이때부터 사진 기술의 발전은 멈추지 않고 계속됐다. 카메라는 날이 갈수록 작아지고, 필름 재질은 점점 고급화 되었으며, 렌즈는 더욱 개선되었다. 1936년, 컬러 사

1895년에 나온 사진기. 주머니에 들어가는 요즘의 카메라와는 비교할 수 없을 만큼 거대하다.

1839년에 그려진 프랑스의 캐리캐처. 사진을 찍는 것과 사진을 찍히는 것에 대한 새로운 욕망에 초점을 맞추었다.

진이 나와 흑백 사진을 몰아냈다. 컬러 사진 이후에는 디지털 기술이 개발되어 사진과 카메라 분야에 획기적 변화가 일어났다.

"누구나 사진을 찍을 수 있다. 자동으로도 가능하다. 하지만 누구나 관찰할 수는 없다. 사진 찍기는 관찰의 기술을 이용하는 한에서만 예술이다. 관찰은 기초적인 시작詩作 과정이다. 현실을 말로 표현하려면 현실에도 형태가 부여되어야 한다." _ 프리드리히 뒤렌마트Friedrich Durrenmatt

26

무기

곤봉에서 다이너마이트까지

원시인류는 사냥과 신변보호를 위해 팔, 다리, 이를 썼다. 하지만 생존경쟁에서 살아남기 위해서는 다른 도구를 이용해야 한다는 사실을 매우 빨리 깨달았다. 최초의 무기는 자연에서 얻은 돌과 막대기였다. 하지만 인류의 발전이 한 걸음씩 진행될 때마다 무기 기술도 상상을 뛰어넘는 발전을 이루었다. 1866년, 다이너마이트의 발명으로 새로운 무기의 시대가 시작되었다.

≫ 무기의 발달은 인류 진화에 필수적이었다. 원시시대 사냥꾼들은 맨손만으로는 장기적 생존에 필요한 고기를 충분히 잡을 수 없었다. 씨족과 혈족이 점점 커지면서 더 많은 음식이 필요해지자 사람들은 서로 사냥 기술을 가르쳐주었다. 하지만 초원과 숲속 동물들도 거기에 익숙해졌다. 동물들은 사람들의 수가 증가하는 것을 경계하며 본능적으로 조심했다. 술책을 써서 동물을 잡는 일이 점점 더 어려워지자 원시인들은 먼 거리에서도 동물을 잡을 수 있는 방법을 개발했다. 우선 돌과 곧게 자란 나뭇가지의 끝을 뾰족하게 만든 것을 던져 사냥에 활용했다. 하지만 곧 동물 떼를 좀 더 먼 거리에서 잡을 수 있을 때 사냥의 성과가 더 커진다는 사실을 알게 된 사람들은 더욱 효과적인 사냥 도구 개발에 나섰다. 그래서 투석기와, 뾰족한 화살을 쏠 수 있는 활을 만들었다. 남아메리카와 중앙아메리카의 원주민들은 입으로 부는 취통을 이용해 사냥을 했다. 하지만 취통으로 쏜 작은 화살이 커다란 짐승에게는 치명적인 작용을 하지 못하자 영리한 사냥꾼들은 화살에 독을 발라서 사용했다.

무기가 사냥뿐만 아니라 다른 집단과의 싸움에도 사용된 것은 인류의 생존본능과 관계가 있다. 원시시대 부족들은 다른 부족이 구역을 침범하거나, 그들과 노획물을 두고 싸움을 벌일 때 생존의 위협을 느꼈다. 부족들 사이에서는 피 튀기는 싸움이 자주 일어났다. 이 때문에 선사시대에 이미 군비 확장이 시작되었고, 더 좋은 무기를 소유한 집단이 부족들 간의 싸움에서 이길 수 있었다. 부족들 간의 싸움은 곤봉과 투석기로 진행되었다. 이 무기들이 얼마나 효과적이었는지는 거인 골리앗과 어린 소년 다윗과의 싸움에 대한 성경 이야기에서 알 수 있다. 다윗은 투석기로 단단하게 무장하고 있었다.

로마인들은 무기 기술의 대가로 군대의 역사에 올랐다. 그들의 전투력은 비단 교육, 도덕, 훈련과 병력에만 기초를 둔 게 아니었다. 최신 무기로 무장한 로마 군대에 적수들은 결코 쉽게 맞설 수 없었다. 로마인들은 위험한 근거리 전투가 벌어지기 전에 먼 거리에서부터 먼저 적의 기세를 꺾어놓아야 한다는 것을 전술로서 알고 있었다. 그래서 창과 화살로 쏘아 올릴 수 있는 크고 작은 쇠뇌와 거대한 활로 적의 요새를 향해 빗발처럼 쏘아댔다. 탁 트인 야전에서는 전설적인 로마 군인들이 방패로 거북이 형상을 만든 병법이 전쟁사에 기록되어 있다. 로마군들은 사방을 커다란 방패로 덮은 후에 안전한 전투 대형으로 적군을 향해 전진했다.

인류의 발전이 수백 년에 걸쳐 지속적으로 이루어지면서 사냥의 이유는 경쟁의 대상인 씨족과 부족에 대해 우월한 입지를 굳히려는 것보다는 패권을 차지하고 돈이나 황금 또는 땅 등의 물질적 재화를 얻으려는 것이 더욱 중요해졌다. 무기 기술은 계속 세련되어가고, 무기 재료는 점점 더 좋아졌으며, 그 기능 역시 갈수록 우수해졌다. 오로지 사람 대 사람의 싸움을 위해 구상된 최초의 무기는 칼이었다. 칼은 금속 가공이 시작된 청동기시대에 개발되었다. 고도 문명권에서는 예술과 교육, 건축술에서뿐만 아니라 전쟁

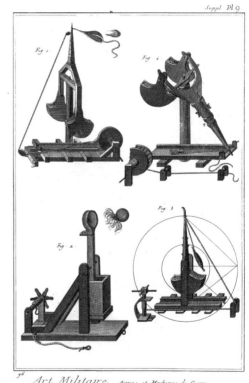

Suppl. Pl. 9

96 *Art Militaire*, Armes et Machines de Guerre.

총포가 생기기 전까지 널리 사용된 투석기와 그 기능 방식.

무기 분야에서도 고도의 성과가 이루어졌다.

중세 말기까지 칼, 창, 활과 화살, 투석기가 전투의 향방을 결정했다. 하지만 1300년경, 화약의 사용으로 인한 총포의 발전으로 새로운 살육의 시대가 열렸다. 이 시대는 중국에서 서양으로 넘어온 발명품으로 시작되었다. 10세기 중국의 연금술사들은 질산칼륨(초석), 목탄, 유황으로 폭발력이 큰 혼합물을 만들어냈고, 잔치를 벌일 때 폭죽을 만들어 즐겼다. 하지만 폭죽은 곧 효과가 뛰어난 장약으로 개발되어 전쟁 시에 적의 대열을 향해 쏘는 무기로 사용되었다.

중국인의 발명으로 총포를 다양한 크기와 구경으로 개량할 수 있게 되고, 개량된 총포로 적군뿐만 아니라 방어시설을 갖춘 도시와 성도 효과적으로 공격할 수 있었다. 총포가 전장에 투입되면서 기사의 시대는 끝이 났다. 기사의 갑옷은 칼과 화살로부터는 몸을 보호할 수 있었지만 머스켓 총의 탄알은 막지 못했기 때문이다.

총포의 원리는 장약이 점화되면서 매우 큰 압력이 발생해 탄알이 빠른 속도로 총신이나 포신에서 튀어나가는 것이다. 수백 년 동안 거듭된 총포의 개발과 개량은 목표물에 대한 정확성, 도달거리, 사격속도를 높이는 데 집중되었다. 초기의 총포는 총을 쏠 때마다 새로 장전해야 했다. 19세기에야 비로소 규격품으로 생산된 탄창으로 장전 과정이 매우 간단해졌고, 19세기 말에는 완성 단계에 이른 연발총과 최초의 기관총이 사용되었다. 이 무기들은 탄창의 재장전 시간을 줄여 빠른 사격 속도를 낼 수 있었다. 현대식 큰 구경의 대포 폭탄은 상대를 절멸시키기도 한다. 이는 현대의 폭발 물질에서 나오는 어마어마한 폭발력의 결과인데, 그 시초는 니트로글리세린으로 제조된 다이너마이트였다.

다이너마이트의 엄청난 폭발력은 이탈리아 토리노의 화학자 아스카니오 소브레로Ascanio Sobrero가 1846년에 실험을 통해 발견했다. 하지만 소브레로는 폭발력을 다룰 수 있는 능력은 갖추지 못했다. 미세한 흔들림에도 폭발이 일어났다. 20

년 후, 스웨덴 화학자 알프레드 노벨Alfred Nobel이 문제의 해결책을 찾아냈다. 노벨은 니트로글리세린에 규조토와 소다를 섞어 다이너마이트를 안전하게 다룰 수 있는 폭약으로 만들었다.

다이너마이트를 발명한 알프레드 노벨.

1896년에 사망한 알프레드 노벨은 자신의 폭발성 발명품으로 엄청난 부자가 되었다. 하필 현대 폭발물의 발명가가 노벨 평화상을 만든 일은 열렬한 여성 평화 운동가 베르타 폰 주트너Bertha von Suttner의 노력 때문이었다. 폰 주트너는 다이너마이트의 아버지 노벨의 양심에 호소해 큰 성과를 거두었다.

"평화를 원하는 자가 전쟁을 준비한다."

_ 푸블리우스 플라비우스 베게티우스 레나투스Publius Flavius Vegetius Renatus(로마의 군사가)

"나는 제3차 세계대전이 어떤 무기로 진행될지 확실하게 알 수 없지만, 제4차 세계대전에서는 막대기와 돌멩이로 싸우게 될 것이란 사실은 확신할 수 있다."

_ 알버트 아인슈타인Albert Einstein

27

냉장 기술

빙고에서 최첨단 냉장고로

옛날에는 얼음을 이용해 식료품의 부패를 방지
했다. 19세기에는 얼음을 채워 음식을 저장하는
나무상자가 있었다. 1873년, 칼 린데가 자신의
냉장 시스템의 특허를 내며 냉장 기술의 혁명을
일으켰다.

냉장고가 없던 시절, 차가운 바람이 오싹하게 부는 중부 유럽에서는 톱을 이용, 언 연못의 얼음을 사각형으로 잘라내 빙고나 빙실에 두고 사용했다. 빙고 속에서는 더운 여름에도 얼음이 녹는데 많은 시간이 걸렸다. 이렇게 얼음으로 저장하는 방식은 19세기에 들어서도 여전히 이용되었다. 그것은 특히 맥주 양조업자들이 냉각에 사용한 방법이었다. 칼 파울 고트프리트 린데Carl Paul Gottfried Linde가 냉장 기계를 발명해 1871년에 냉장고의 원형을 완성하고 2년 후에 특허를 내자, 그간 맥주 양조업자들이 얼음을 자르기 위해 쓰던 톱의 소비가 크게 줄어들었다.

1873년 현대식 냉장고를 발명한 칼 린데.

IDEA

칼 린데의 연구 및 개발 작업에 후원자로 나선 곳은 양조업자들이었다. 린데의 발명품으로 당시 맥주를 적정한 온도로 유지하는 것뿐만 아니라 낮은 온도에서 발효되는 맥주를 계절이나 얼음 저장량에 관계없이 제조할 수 있게 되었다. 그 결과, 낮은 온도에서 발효되는 필젠 맥주가 날개 돋친 듯 팔려나가고 수출의 길도 열었다. 필젠 맥주 제조에는 낮은 양조 온도가 필요하다.

린데의 발명은 전기 같은 산업화 시대의 여러 가지 성과가 있었기에 가능했다. 전기로 가동되는 냉장고가 모든 가정의 기본 물품이 되기 전 19세기의 많은 가정에는 나무로 만든 얼음장이 서 있었다. 얼음장이라는 이름이 걸맞은 이유는 장의 윗부분에 잘게 부순 얼음이 채워져 있었기 때문이다. 얼음은 마차로 거리를

인류사를
가로지른
스마트한 발명들 50

1959년 독일 쾰른에서 열린 가재도구 박람회에서 거실에 두는 음료수용 냉장고가 선보였다.

도는 상인에게서 살 수 있었다. 이 냉장 방법은 20세기까지 쭉 이용되었다. 칼 린데가 발명한 냉장고가 개인 가정에서 사용하기에 너무 비쌌기 때문이었다. 또한 냉장고에 부식성과 독성이 있고 고약한 냄새를 풍기는 물질인 암모니아가 필요했는데, 암모니아가 유출되면 건강에 해가 되는 문제도 있었다. 암모니아 문제는 프레온가스FCKW로 마침내 해결되었다. 이 물질은 처음에 문제가 없는 것으로 여겨졌다. 하지만 프레온가스가 지구의 오존층을 파괴하여 지구온난화를 발생시키는 주요 물질임이 밝혀지면서 세계 각국은 1995년 몬트리올 의정서를 통해 프레온가스의 사용금지 계획을 발표했다. 이에 따라 선진국은 1995년, 개발도상국은 2010년부터 프레온가스 사용을 금지시켰다.

프레온가스를 사용하지 않은 최초의 냉장고는 1992년 작센의 공장에서 제조되었다. 오늘날 최신 기술로 완성된 냉장고 및 냉장박스는 환경에 해를 끼치는 문제가 없고 에너지 소비 면에서도 효율이 높다.

28

전화

케이블과 위성이 전 세계를 연결하다

전화는 무제한의 의사소통을 가능하게 하고, 서로 다른 대륙의 사람들을 연결해주었다. 1861년 독일의 물리학 교사 필립 라이스가 최초의 장거리 소통 기계를 제작했다.

≫ 1833년, 칼 프리드리히 가우스Carl Friedrich Gauß가 전화 발명에 초석을 놓았다. 물리학자, 수학자, 천문학자였던 가우스는 동료 빌헬름 베버Wilhelm Weber와 함께 연결된 철사선을 통해 전자기 자극을 전송하는 일에 성공했다. 이 방식으로 현대 통신 역사 최초의 전신이 생겨났다. 1844년, 이탈리아인 이노센조 만제티Inocenzo Manzetti는 사람의 목소리를 0.5km 떨어진 곳에 전송하는 데 성공했다. 이를 바탕으로 1861년, 독일 물리학 교사 필립 라이스Philipp Reis는 나팔을 송화기로, 돼지 창자에서 나온 얇은 막을 수신기로 사용하는 전화기를 만들었다.

> 라이스는 자신이 만든 전화기의 얇은 막에 가느다란 금속 실을 부착했다. 말을 할 때 발생하는 음파가 얇은 막에 잡혀 막이 진동을 일으켰다. 그 진동에 의해 금속 실이 회로를 여닫게 되는 것이다. 수신기 쪽에 있는 막은 전송된 전기 자극을 통해 역시 진동하게 되고, 그 진동은 말하는 사람의 목소리를 재현했다.

비록 전화기의 전송 질은 아직 매우 부족했지만 그로써 최초로 작동하는 전화기가 발명되었다. 1863년에 라이스는 개량한 전화기 모델을 전 세계에 팔았다. 북아메리카에도 그의 전화기가 건너갔다.

캐나다에서는 알렉산더 그레이엄 벨Alexander Graham Bell이 마찬가지로 전화기 발명에 착수했다. 벨은 라이스 및 이탈리아-아메리카 출신의 안토니오 메우치Antonio Meucci의 지식을 바탕으로 작업했다. 이제 전화기 전선에 치열한 경쟁이 불붙었다. 기계 제작에 몰두한 발명가마다 최초의 전화기 특허를 받으려 했다. 특허권으로 수백만 달러를 벌 수 있었기 때문이었다. 이 경쟁의 유리한 출발점에는 미국 물리학자 엘리샤 그레이Elisha Gray도 있었다. 하지만 경쟁자 벨이 그보다 2시간 앞서 특허를 신청하는 바람에 그레이는 뒤처지고 말았다.

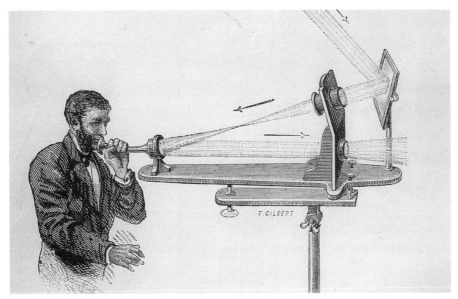

벨이 발명한 광선전화. 사람의 목소리를 광선이 전달하도록 하는 획기적 제품이었으나, 당시에는 광원 간섭의 문제를 해결하지 못했다.

그 시대의 전신 회사들은 전화기를 경쟁자로 간주했다. 더욱이 전신 시장의 주도자 '웨스턴 유니언'은 특허권을 가진 벨과 협력하는 대신 만능 천재 토마스 에디슨과 자체적 기술로 전화를 발명한다는 계약을 맺으려 했다. 하지만 에디슨은 특허권을 이유로 그의 전화기를 시장에 내놓자는 제의를 거절했다. 그 결과 전화 시장에서의 독점적 위치를 확고히 굳힌 벨은 파트너와 전화 회사를 설립해 시장을 지배하는 기업으로 발전시켰다.

하지만 전화기 하나만으로는 모든 것을 이룰 수 없었다. 전선 망이 설치되어야 했다. 얼마 뒤, 아주 길고도 긴 전선이 곳곳에 부설되었다. 그렇게 해서 대륙 간에도 전화를 할 수 있도록 했고, 특수 선박으로 해저에 전선을 깔기도 했다. 하지만 아직 많은 지역에서 집과 집을 직접 연결하는 건 불가능했다. 전화 연결을 원하는 사람은 각각의 전화선에 연결되어 있는 '전화국 안내양'에게 개인 선을

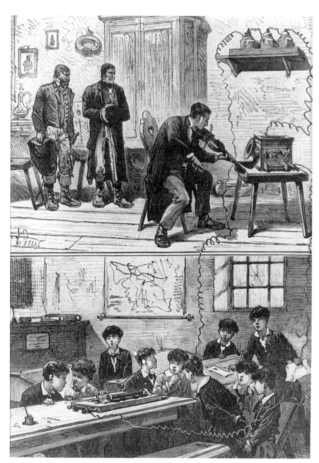

전화기 발명가 필립 라이스가 자신이 만든 전화기로 최초의 실험을 하는 장면이다. 라이스가 바이올린 소리를 다른 방으로 전달한다.

연결해달라고 신청해야 했다. 그러면 전화국에서 손으로 다른 곳에 연결해주었다. 오늘날은 그 일을 컴퓨터가 조종하는 중계소가 넘겨받았고, 섬유 유리 케이블을 통해 매우 깨끗한 전화 음질뿐만 아니라 인터넷 데이터까지 전송할 수 있다. 1980년대에 들어 전선을 통한 유선전화 외에도 무선 이동전화가 사용되기 시작했다.

"모든 사무직원들의 삶에는 결정적인 세 가지 경험이 존재한다. 첫 번째가 상사가 바뀌는 일, 두 번째는 화분의 식물이 죽는 일, 세 번째는 새로운 전화기가 설치되는 것이다." _ 크리스티안 안코비치Christian Ankowitsch

"말은 오이 샐러드를 먹지 않는다." _ 필립 라이스가 전화기에 대고 말한 첫 문장.

29

진공청소기

지저분한 일을 처리하는 가정의 친구

1908년, 훌륭하게 작동하는 최초의 진공청소기가 시장에 나오자 청소용 솔, 비, 양탄자용 털개 회사들은 심각한 경쟁에 직면했다. 이 실용적 살림도구가 처음 만들어진 곳은 무한한 가능성의 나라 미국이었다.

≫ "하인젤만 청소기는 엄마가 평소에 빨아들이기만 하던 곳에 바람을 불어 날릴 수도 있답니다." 2011년 고인이 된 코미디 작가 비코 폰 뷜로우^{Vico von Bulow}의 꽁트에서 대리업자 위르겐스가 한 가족에게 청소기를 팔아넘기기 위해 한 말이다. 위르겐스가 말한 물건은 19세기 말 미국에서 실용적인 살림도구가 되었다. 청소기에 대한 초기 아이디어가 누구에게서 나왔는지는 아직 제대로 밝혀지지 않았다. 1876년 비셀^{Bissell} 부부가 발명한 거대한 청소기는 마차에 조립되어 호스가 이어진 일종의 거대한 펌프로 구성되었다. 청소기의 전체 모양이 마치 최초의 소방관 펌프차처럼 보였다. 차이가 있다면 비셀의 청소기는 빨아들이기만 하고 물을 뿜어내지 않았을 뿐이다. 긴 호스가 청소할 집의 창과 문을 통해 집 안으로 들어갔다.

1908년경의 진공청소기. 압력으로 오물을 빨아들였다고 한다.

미국 후버사의 청소기 광고지. 후버
는 재빠르게 먼지 진공청소기 시장
을 주도하는 회사가 되었다.

그 거대한 청소기가 얼마나 훌륭하게 일을 해냈는지는 전해지지 않는다. 당시 다른 청소기들도 집 안에서의 실제 청소 효과가 의심스럽기는 마찬가지였다. 청소기들은 먼지를 빨아들여 제거한 게 아니라 먼지를 불어 날렸다. 그 방법은 비록 당장의 결과가 눈에 보이는 듯했지만 먼지는 여전히 집 안에 남아 있었다.

몇 년 후 미국 오하이오 주의 백화점 관리인이던 제임스 머레이 스팽글러^{James} Murray Spangler는 기술에 대한 엄청난 열정과 발명가 정신을 발휘해 집 안의 먼지와 오물을 처리하는 일에 몰두했다. 그는 환풍기, 먼지를 담는 비누곽, 빗자루를 활용해 현재 사용하는 최초의 청소기의 전신이라 할 기기를 만들었다. 아직은 약간 조잡하게 보였던 그의 청소기는 먼지를 흡입할 뿐만 아니라 회전하는 솔로 양탄자의 오물도 제거할 수 있었다. 1908년 이 청소기에 특허가 났다.

스팽글러의 사촌도 이 새로운 청소기에 깊은 인상을 받았다. 사촌의 회사 '후버'는 스팽글러의 특허권들 사들여 본격적인 제품 생산에 들어가 곧 세계 진공청소기 분야를 주도하는 회사가 되었다. 초기 진공청소기들은 아직 매우 비싸서 부유한 가정에서나 쓸 수 있는 사치품이었다. 커다란 별장이나 몇몇 호텔에서는 중앙식 청소 기계를 이용했다. 집 안에는 흡입 시스템과 연결된 관 시설이 갖추어져 있었고, 각 층마다 끝에 솔이 달린 호스가 설치되어 있었다. 이런 방식은 부피가 큰 먼지 저장 용기를 처리하는 일이 무척 성가셨다. 진공청소기 분야에서도 지속적인 발전이 이루어져 흡입력이 점점 더 개선되는 동시에 소음은 줄고 에너지 효율은 점점 좋아졌다. 최근에는 혼자 움직이는 로봇 청소기의 사용도 늘고 있다.

30

음반과 CD

검은 판과 은색 판에서 나오는 음악

검은 원반, 첨필, 엷은 막, 나팔, 이것이 획기적인
발명품의 기본 재료였다. 축음기 그라모폰에서
CD플레이어에 이르기까지, 음향 체험이 가득 깃
든 수백 년이 지나갔다. 축음기의 아버지로 통하
는 에밀 베를리너는 1887년, 특허청에 자신의 중
요한 발명품을 내놓았다.

≫ 몇몇 골수 음악팬들에게 둥글고 납작한 검은 원반이 다시 유행하고 있다. 음악에 조예가 깊은 사람들은 옛날에 생산된 질 좋은 음반의 음향 재현이 뛰어나다고 입을 모은다. 그래서 그들은 옛날 중고 음반을 찾아 벼룩시장을 뒤질 뿐만 아니라, 오랜 기간 인기 있는 음악을 LP음반에 재녹음해 출시하는 음악산업에 활기를 불어넣기도 한다. 전축 제작자도 생산을 중단하지 않고 점점 더 질이 우수한 전축을 생산한다.

에밀 베를리너Emil Berliner가 만든 그라모폰의 원형 모델 이후 전축은 기술적으로 정교해지고 디자인이 현대적으로 바뀐 것 이외에 그다지 변한 게 없다. 전축의 기본 원리는 베를리너가 발명품에 특허를 냈던 이래로 그대로 유지됐다. 1851년 하노버에서 태어난 베를리너는 미국으로 이주한 젊은 청년이었다. 그는 자신의 발명품으로 세상을 바꾸려는 발명가들 중 한 사람이었다. 그가 먼저 손을 댄 것은 전화 기술이었다. 이어 비슷한 분야인 녹음 관련 일에 종사했다. 1877년, 베를리너가 마이크로폰을 개발하자 이에 관심을 가진 전화 회사 벨이 마이크로폰의 제작권을 미화 7만5000달러에 사들였다.

베를리너는 당시로서는 엄청난 액수였던 그 돈의 일부를 새 기획에 쏟아 부었다. 그는 자신의 동료 발명가 토마스 에디슨이 1877년에 발명한 기계를 개량해

오디오 분야의 중요한 세 발명품을 보여주는 독일 우표, 그라모폰 축음기, 테이프 녹음기, MP3 플레이어다.

야겠다는 생각을 했다. 에디슨의 축음기는 사람의 말을 녹음하고 재현할 수 있었다. 그 기계는 얇은 은박지를 펴서 원통에 고정시킨 것으로, 사람이 나팔에 대고 사운드박스 안으로 말을 하면 박스 안에 설치된 얇은 막이 진동을 일으켰다. 이 얇은 막은 바늘

그라모폰의 음향 나팔에 귀를 기울이고 있는 개의 모습은 수많은 셸락판과 합성수지비닐 음반 중 가장 유명한 음반 상표로 꼽힌다.

과 연결되어 있는데, 바늘은 회전하는 은박지판에 진동을 새긴다. 반대로 바늘이 은박지판을 주사走査하면 은박지에 새겨진 내용을 다시 들을 수 있었다. 이 주사 운동이 얇은 막에 의해 증폭되어 청각 신호로 바뀌면서 나팔을 거쳐 소리를 들을 수 있게 했다.

베를리너는 원통 대신 납작한 접시 모양의 얇은 판을 이용해 바늘이 판에 새긴 내용을 처리하게 만들었다. 그리고 1887년 '음향 녹음과 재현을 위한 방식 및 기계'로 미국과 독일에 특허를 신청했다. 그의 녹음 방식과 기계는 에디슨의 발명품보다 훨씬 더 간편하게 사용할 수 있었고, 아연으로 된 납작한 판으로 구성된, 완전히 새로운 음향 저장매체였다. 지름이 12cm인 판이 1분간 음을 재현할 수

에밀 베를리너는 1887년에 그라모폰을 발명한 뒤, 음반을 독점 생산한 최초의 공장인 독일 그라모폰 음반 회사의
공동 설립자가 되었다.

있었다. 판은 1분당 150번이라는 엄청난 속도로 축을 회전하며 은박지보다 더 수월하게 음을 재생할 수 있었다.

베를리너는 자신의 축음기에 '그라모폰Grammophon'이라는 멋진 이름을 붙였다. 하지만 기계는 이미 완성 단계에 이른 반면, 음향 저장매체의 재생 성능은 많이 부족했다. 그 때문에 베를리너는 음향 저장매체 개선에 집중했다. 그리고 1895년, 뜻하던 일이 이루어졌다. 천연수지, 돌가루, 검댕, 식물 섬유로 된 재료를 섞어 적합한 혼합물을 발견한 베를리너는 최초의 셸락shellac(동물성 천연수지의 일종)판을 시장에 내놓았다. 셸락판은 60년 동안 시장을 석권하다가 1950년대에 들어 휘어지는 합성수지 비닐판으로 대치되었다. 비닐판은 셸락판에 비해 가볍고 충격에 강하다는 장점이 있었다. 또한 회전 속도도 장시간 재생판인 경우 분당 33회전, 싱글판인 경우 분당 45회전으로 줄일 수 있어 재생 시간을 더욱 늘릴 수 있었다.

> 음향 녹음을 위한 자료 저장매체로서 음반 외에도 1920~1930년대에 자기 녹음이 고안되었다. 전기 회사 아에게AEG는 1935년 베를린에서 열린 독일 방송 전시회에서 세계 최초의 테이프 녹음기를 내놓았다. 이것은 테이프에 있는 작은 자기장에 오디오 정보가 저장되는 방식이다. 1970년대에는 손쉽게 다룰 수 있는 소형 컴팩트 카세트가 널리 퍼졌다.

1950년대에 음반산업에서 또 하나의 획기적 사건이 일어났다. 그전까지는 단음으로만 애창곡을 들을 수 있었지만 오른쪽 귀와 왼쪽 귀에 서로 다른 음향을 들려줄 수 있는, 이른바 스테레오 기술이 개발된 것이다. 이 입체 음향 재생 방식으로 음악 녹음에서 공간적 느낌을 더할 수 있게 되었다. 가수가 스튜디오에서 노래를 녹음할 때 기타의 왼쪽 위치에 서 있으면 이 녹음 상황이 스테레오 음반을 통해 그대로 재현되었다. 1970년대에는 한 단계 더 나아가 4채널 스테레오 (네

계통의 음향 신호를 써서 공간적인 인상을 형성하는 스테레오 방식 – 옮긴이)와 더미 헤드^{dummy head}(입체 음향·4채널에 의한 전달·재생을 위해 두 귀 부분에 마이크를 조립해 넣은 사람 머리 모양의 녹음 장치 – 옮긴이) 녹음 기술을 통해 완벽한 입체음향이 제공되었다.

> 더미 헤드라는 개념은 특수 음향 녹음 기술을 뜻한다. 더미 헤드는 사람의 머리를 모방한 것으로 이도耳道 입구에 구슬 모양의 마이크로폰이 장착되어 있다. 이 장치를 통해 녹음과 재생이 사람이 음을 듣는 것과 매우 흡사해진다. 즉, 사람은 소리를 들을 때 단순히 왼쪽과 오른쪽으로만 듣는 게 아니라 앞과 뒤, 위와 아래에서도 음향의 방향을 구별할 수 있다. 1973년 베를린 방송 전시회에서 더미 헤드 기술을 이용한 최초의 방송극이 소개되었다.

검은 레코드판은 거의 100년간 음악 시장을 독점했지만, 1983년 은색의 컴팩트디스크^{CD}가 시장에 나오면서 새 시대가 열렸다. 레코드판은 바늘에 의해 파인 홈이 기계적으로 주사되고 자석이나 코일에 전달되어 전기 신호로 바뀌는 방식이다. 그에 비해 CD는 디지털화된 자료를 레이저 광선으로 주사해 음으로 바꾸는 방식이다. 비접촉 방식의 이 신기술은 음반에 비해 자료가 저장된 매체가 전혀 마모되지 않은 채 주사된다는 장점이 있었다. 그 밖에 음반을 뒤집어야 하는 성가신 과정이 없어졌다. CD는 한 면에만 녹음되고, 매우 많은 분량을 저장할 수 있으며, 장시간의 재생을 보장했다.

은색 CD는 새로운 기술이었지만, 처음에는 검은 음반과의 경쟁에서 어려움을 겪었다. 몇 년 동안은 여전히 레코드판이 우세했다. 하지만 오늘날은 상황이 많이 바뀌었다. 이제 검은 음반은 음반 시장에서 희귀한 물건이 되었다. 1991년, 복사 가능한 CD가 시장에 나와 오락 기술 산업에 새로운 센세이션을 불러일으켰다. 이 CD는 원본 CD의 음을 훌륭한 음질로 복사해 재생할 수 있었고, 그 과정도 무척 간단했다. 그 결과, 복사본이 넘쳐나 음악산업에 큰 손실을 끼치자 음반업계는 코드화를 통해 해적판을 막으려 애썼다.

최근에는 MP3 기술의 발달로 별도의 저장매체 없이도 컴퓨터나 핸드폰으로 음악을 재생할 수 있다. 오디오 자료가 디지털로 저장되는 MP3는 인터넷에서 사용료만 지불하면 간단하게 음악을 다운받을 수 있다.

31

백열등

번쩍! 세계의 밤에 불이 켜지다

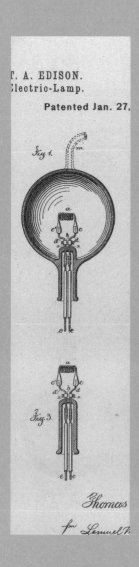

인류는 어둠을 밝히기 위해 횃불, 기름등잔, 촛불 등을 이용했다. 백열등이 세상을 밝히기 전까지 이 세 가지 이외에도 수많은 발명품이 고안되었다. 1879년, 미국의 발명가 토마스 에디슨은 세상을 밝힐 번쩍이는 아이디어를 생각해냈다.

인류는 원시시대부터 이미 횃불과 불로 어둠을 밝혀 밤을 낮으로 만들려 했다. 오늘날은 스위치만 켜면 바로 불이 들어오지만 이것은 백열등의 발명으로 가능해진 일이다. 백열등을 실제로 발명한 사람이 누구였는지는 확실하지 않다. 동시에 여러 장소에서 여러 사람이 백열등 발명에 열중했다는 사실만 확실할 뿐이다. 그들 중에 험프리 데이비Humphrey Davy라는 사람이 있었다. 런던 출신의 물리학 교수인 데이비는 1855년, 리옹의 시민들에게 공개시범으로 스펙터클한 빛의 효과를 보여주어 프랑스에서 일대 화제가 되었다. 데이비의 공개시범은 아직 무르익지 않은 전기 연구의 성과를 활용하게 하는 기폭제가 되었다. 데이비가 새로 개발한 그 배터리의 전극에서, 빛이 나는 스파크 방전이 일어났다. 이 스파크는 공기 중에 자연적으로 존재하는 전하를 활성화해서 떨어져 있는 두 전극 사이에 활 모양의 빛을 형성했다.

그런데 데이비의 빛 스펙터클은 전차에서 오래 사용하기에는 비용이 너무 많이 들었다. 때문에 19세기에는 아직 가스등이 더 많이 사용되었다. 데이비의 '빛의 효과' 소식을 접한 토마스 에디슨 등의 발명가들은 새로운 구상에 들어갔다. 가장 먼저 성과를 내놓은 사람은 바로 에디슨이었다. 그는 1879년에 전기 백열등을 선보였다. 그런데 35년 전에 이미 뉴욕에 거주하는 독일 출신의 시계공이자 광학기계 제조인 하인리히 괴벨Heinrich Göbel도 이와 비슷한 것을 고안한 적이 있었다. 하지만 괴벨은 발명의 열정에 사로잡힌 나머지 자신의 발명품에 특허를 내야 한다는 사실을 까맣게 잊어버리고 말았다. 그로 인해 에디슨이 백열등의 발명가로 통하게 되었다. 에디슨은 백열등에 적합한 필라멘트를 만들어내기 위해 수백 가지 재료로 숱한 실험을 한 끝에 성공을 거두었다. 그에게 성공을 가져다준 재료는 연소 시간이 40시간에 달하는 카본 섬유였다. 훌륭한 발명가이자 뛰어난 사업가이기도 했던 에디슨은 실험 결과에 열광하고는 곧바로 대규모로 새로운 백열등 생산에 나섰고, 사업은 크게 번창했다.

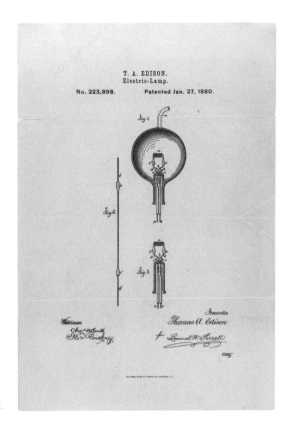

토마스 에디슨의 백열등 설계도

　백열등의 발명과 상품화로 대도시는 사방이 전깃불로 환해졌다. 중심 대도시의 화려한 대로는 밝은 빛으로 휘황찬란해지고, 수많은 가정에도 전깃불이 켜졌다. 1910년부터는 카본 필라멘트 대신 녹는점이 가장 높고 끓는점이 두 번째로 높은 금속 텅스텐으로 필라멘트를 만들었다. 녹는점과 끓는점은 백열등의 원리가 전기의 열작용에 기초를 두기 때문에 중요했다. 전등 속에 있는 가느다란 철사가 바로 백열을 내는데, 이때 철사가 타버리지 않도록, 철사가 들어 있는 플라스크 내부의 공기를 제거하고 희가스류(공기에 들어 있는 양이 희박한 아르곤 · 헬륨 · 네온 · 크립톤 · 크세논 · 라돈의 여섯 가지 기체 원소 – 옮긴이)를 채운다.

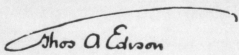

백열등을 발명하고 가장 먼저 상품화한 토마스 에디슨.

하지만 이 방법은 빛보다 열을 더 많이 발생시켜(95%의 열, 5%의 빛), 에너지 효율이 좋지 않았다. 그래서 1990년대에 더 경제적인 전등이 개발되었다. 이 전등은 전류를 덜 소모하고 더 긴 수명 시간을 보장했다. 하지만 이 새로운 소형 전등은 독성이 있는 수은을 함유하고 있어 특수 쓰레기로 분류 처리해야 하는 큰 단점이 있었다. 최근에는 빛을 방사하는 다이오드(전류를 한 방향으로만 흐르게 하는 소자 – 옮긴이), 즉 LED등이 시장에서 각광받는다. LED등은 수명이 길고 에너지 소비가 적으며 엄청난 광도를 가진다.

32

자동차

움직이는 바퀴가 세상을 뒤덮다

발명가와 기술자들은 아주 오래전부터 동물이 끌지 않아도 자력으로 움직이는 이동수단에 대해 생각해왔다. 19세기 중반에 이르러 비로소 다임러, 마이바흐, 오토, 디젤과 같은 자동차 제작의 개척자들이 중요한 돌파구를 마련하는 데 성공했다.

말이 끌지 않아도 바퀴에 의해 움직이는 이동수단은 이미 오래전부터 인류의 꿈이었다. 동물의 추진력을 뛰어넘기 위한 여러 시도들도 있었다. 예컨대 기원전 400년, 그리스인들은 사람의 근력으로 움직이는 포위공격용 탑을 만들었다. 그 군사 기구는 페달로 움직이는 차의 원리에 기초를 두었다. 그로부터 1000년이 더 지난 1490년, 레오나르도 다빈치 역시 그와 유사한 방식의 장갑차를 구상했지만 계획 단계를 넘어서지 못했다. 1600년경, 땅이 평평한 네덜란드에서는 돛을 단 30인용 마차가 구상되었다. 한편 네덜란드의 건축가 크리스티안 호이헨스Christiaan Huygens의 아이디어는 다소 위험했다. 그는 화약 연료로 움직이는 차를 만들었다. 호이헨스의 실험에 화약이 폭발하는 광경을 놓치지 않으려는 수많은 구경꾼들이 몰려들었다.

이처럼 아이디어들은 적지 않았지만 이를 뒷받침하는 적절한 연료는 없었던 것 같다. 증기기관이 발명된 후 비로소 자력 운행에 대한 시도는 새로운 전기를 맞이했다. 1769년, 프랑스 엔지니어 니콜라 조세프 퀴노Nicolas Joseph Cugnot는 증기로 가는 차를 제작한 뒤, 이를 포병대에 투입해 무거운 대포를 끌게 했다. 그런데

1649년에 그려진 네덜란드 그림. 해변가에 있는 돛을 단 자동차 두 대가 사람들의 시선을 끈다.

아직은 마차가 많던 1888년, 사람들은 벤츠의 발명품을 놀라운 눈길로 쳐다보았다.

증기기관 차 자체가 너무 무거운 게 문제였다. 차를 대포가 있는 위치에 가져다 놓기도 무척 힘들었고, 이를 조종하는 것도 거의 불가능했다. 19세기, 좀 더 작은 증기기관이 나온 뒤에야 비로소 울퉁불퉁한 거리에서 증기로 움직이는 차량을 볼 수 있게 되었다. 영국에서는 런던과 배스 간에 증기 노선버스가 운행되었다.

자동차 추진에 필요한 힘은 연소 과정을 통해 생산된다. 이때 연소실인 실린더에서 연료와 산소가 섞여 쉽게 인화할 수 있는 기체 형태의 혼합물이 불꽃을 일으켜 점화불꽃에 의한 폭발이 일어난다. 자동차의 작은 실린더 내에서 작은 폭발이 일어날 때마다 피스톤이 움직이고, 피스톤은 열에너지를 운동에너지로 전환해 자동차의 추진축에 전달한다.

IDEA

1860년, 프랑스인 에뜨앙느 르느아르Etienne Lenoir는 가스로 움직이는 새로운 종류의 연료 모터 특허를 냈다. 그는 자동차에 새 모터를 설치해 파리-주앵빌 다리에서의 실험운행을 성공적으로 마쳤다. 이 소식을 접한 독일인 니콜라우스 아우구스트 오토Nikolaus August Otto는 르느아르의 모델보다 성능이 더 우수한 4행정 기관 (연료-공기 혼합물을 연소시키는 기관 – 옮긴이)을 만들었다. 이 내연기관은 이후 개량되어 '오토 기관'이라는 이름으로 자동차 역사에 올랐다.

가스와 공기가 혼합된 연료가 아닌 액체 벤진을 연료로 사용하는 최초의 자동차가 세계에 나왔다. 바로 독일인 칼 벤츠Carl Benz가 액체 벤진 자동차를 제작해 1886년에 특허를 신청한 것이다. 그 차량의 모양은 마치 마부가 앉는 좌석에 세 바퀴가 달린 것 같았는데, 상대적으로 작은 앞바퀴를 핸들로 돌릴 수 있었다.

벤츠가 제작한 이 자동차는 천재적인 발명이었지만 아무도 그것에 대해 알려 하지 않았다. 사람들은 요란한 소리를 내는 기계를 두려워하며 기존의 마차가 더 낫다고 여겼다. 그럼에도 불구하고 벤츠의 발명품이 세상에 널리 퍼질 수 있었던 것은 부인 베르타의 과감한 결단력 덕분이다. 베르타는 남편의 차량이 어떤 능력이 있는지를 보여주기 위해 1888년, 남편에게 알리지 않고 만하임에서 포르츠하임까지 시험 운행을 감행했다. 베르타 부인은 두 아들과 함께 100km 구간을 단 하루 만에 주파했다. 당시로서는 기록적인 속도였다. 베르타의 과감한 시도는 주유를 하기 위해 약국에 들렀다가 세상에 널리 알려지게 되었다. 베르타 벤츠는 연료 탱크가 다 비도록 차를 달리고 난 뒤, 놀라서 눈이 휘둥그레진 약사에게 저장품으로 비축해둔 세정용 벤진을 모두 사들

독일 우체국이 1986년 자동차 역사 100주년을 기념해 발행한 우표. 자동차 역사는 카를 벤츠가 1886년 자동차 특허를 받음으로써 본격적으로 시작되었다.

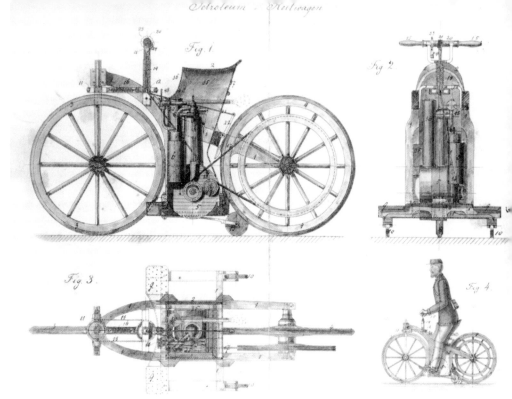

다임러가 제작한 모터 달린 이륜차. 오늘날 오토바이의 전신이라 할 수 있다.

였다. 칼 벤츠로서는 세간에서 의심스러워하는 자신의 차를 그보다 더 훌륭하게 광고할 수는 없었을 것이다. 여러 가지 정황을 고려한 아내 베르타의 과감한 행동은 벤츠의 발명품이 돌파구를 찾는 데 큰 힘이 됐다. 1894년, 벤츠는 대량생산을 시작했다.

벤츠 외에 또 다른 독일 엔지니어들도 새로운 유형의 자동차 제작에 몰두했다. 그들 중 고트리프 다임러Gottlieb Daimler와 그의 동료 빌헬름 마이바흐Wilhelm Maybach 역시 자동차 제작의 중요한 개척자들이다. 두 사람은 우선 두 바퀴에 모터를 달아 오토바이의 아버지로 역사에 오르고, 뒤이어 네 바퀴 마차에 내연기관을 설치했다. 자동차 역사에 또 다른 중요한 인물로 엔지니어 루돌프 디젤Rudolf Diesel

이 있다. 그는 1892년에 자신의 이름을 붙인 디젤기관을 선보였고, 이 기관은 오토기관 다음으로 가장 많이 이용되는 자동차 구동 장치가 되었다.

루돌프 디젤은 이상적인 혼합물을 발견할 때까지 다양한 유형의 연료를 실험했다. 1892년, 디젤은 자신의 테스트 결과를 기초로 오토기관과는 달리 자체 점화로 작동하는 내연기관을 제작했다. 그의 디젤기관은 우선 실린더 속에 있는 공기가 강하게 압축되어 있기 때문에 뜨겁게 가열된다. 이어 연료―공기 혼합물이 분사되고 그 분사물이 실린더 내에 있는 큰 열에 의해 스스로 점화된다. 이 원리에는 자극제로 쓰이는 점화 플러그가 불필요했다. 디젤은 1년 후인 1893년에 자신의 제작품을 전문가들에게 선보였다. 디젤 연료와 그 연료로 움직이는 디젤기관은 오늘날에도 발명가의 이름을 떠오르게 한다.

19세기 말에 이르자 자동차 공장들이 땅에서 새싹이 돋듯 하나씩 생겨났다. 그것은 차량을 개별 제작하는 작은 공장이었다. 자동차는 생산기술에 비용이 많이 들어 부유한 사람들만이 가질 수 있는 사치품이었다. 그러나 미국의 자동차 제작자 헨리 포드Henry Ford가 자신의 '모델 T' 자동차를 컨베이어벨트에서 대량생산하게 되면서 자동차는 대중화의 길로 들어서게 되었다.

오늘날 통행하는 자동차는 세계적으로 약 10억 대에 이른다. 지금까지 세계에서 가장 많이 판매된 자동차는 독일 폭스바겐의 일명 '딱정벌레차'로 2100만 대가 팔렸다. 과거 자동차 회사들이 크롬 빛으로 번쩍이는 외형과 차량의 크기 및 성능을 두고 각자 전력을 다했던 데 비해, 최근에는 안전하고 연료를 적게 소비하는 차량 개발에 역점을 둔다. 또한 전기나 수소 등의 대체연료를 사용하는 새로운 자동차 개발도 활발하게 진행 중이다.

"자동차는 크게 성공해 이제 단 하나의 진정한 적수만을 남겨놓았다. 그것은 자동차 자체다. 자동차의 엄청난 확산은 도로교통의 미래에 대한 도전이다."_에버하르트 폰 쿠엔하임Eberhard von Kuenheim

33

취사 조리기

모닥불에서 전자레인지로

원시시대 인류는 모닥불에 고기를 구웠다. 거주지 안에 화덕이 설치되어 화덕의 역사가 시작되기까지 수천 년이 걸렸다. 1893년 시카고 세계박람회에서는 최초의 전기 오븐이 선보였다.

불은 선사시대 사람들의 일상생활에 빛과 온기를 주었다. 모닥불은 단순히 원시시대의 난방 장치가 아니라 음식을 만드는 조리기로 이용되기도 했다. 하지만 불에서 연기가 피어오르고 위험한 불똥이 튀어 화덕을 주거지 안에 들이기까지는 매우 오랜 세월이 걸렸다. 기원전 약 3만5000년경에 집 안에 화덕을 만들기 시작했다는 사실이 발굴을 통해 확인됐다. 처음에는 화덕을 평평한 땅바닥에 놓고 이용하다가 한참 뒤에 돌 받침대 위에 설치하기 시작했다. 원시시대의 화덕은 소박한 움막 내부의 중앙에 있었다. 부엌에 솥이 들어온 일은 대단한 진보였다. 버팀대에 고정시킨 솥을 화덕 위에 걸쳐두었다.

식습관은 고대 문명국가들에서 근본적으로 달라졌다. 수메르인, 이집트인, 그리스인, 로마인들은 활발한 음식점 문화를 가지고 있었다. 시민들이 빽빽이 모여 사는 도시에서는 개인 부엌을 소유하기 어려웠다. 그래서 따뜻한 식사를 하려면 음식점을 찾아갈 수밖에 없었다. 거리에 늘어선 로마의 와인바 '포피나Popina'는 벽을 쌓아 만든 판매대가 있는 가게였는데, 판매대 안에는 함지 모양의 화덕이 설치되어 있었다. 화덕 위에 걸린 솥에서 간단한 음식을 끓였다. 그것은 패스

중세 후기의 화덕. 밖으로 타오르는 불 위에서 그대로 요리를 했다.

음식을 만드는 장소는 주거 생활의 중심점이 되었다. 피터 브뤼겔Pieter Brueghel(1564~1638)의 회화.

트푸드 음식점의 초기 형태라고 할 수 있다.

　중세 초기에는 집 안의 중앙에 있던 화덕을 벽 쪽으로 옮기고 굴뚝을 만들어 연기를 내보냈다. 이 배출 장치는 소시지와 베이컨을 만들 때 훈제 굴뚝으로도 쓰였다. 앞이 트인 화덕은 열이 많이 손실되는 큰 단점이 있었다. 그 때문에 장작이 어마어마하게 소비됐다. 이를 해결하기 위해 16세기부터 트인 화덕에 벽을 두르고 그 위에 금속판을 덮어 금속판 위에 냄비와 팬을 놓을 수 있게 만들었다. 19세기에 이르러 진정한 의미의 만능 오븐이 부유한 가정의 부엌에 들어왔다. 이 오븐에는 보온 칸과 물을 데울 수 있는 유리 그릇이 부착되어 있었다. 이 멋진 오븐은 오늘날 사람들이 무척 소장하고 싶어 하는 골동품 수집 품목이 되었다. 새로운 화덕들은 더 이상 숯과 장작이 아닌 가스를 연료로 썼다. 새로운 가스 오븐은 열기가 집약적으로 오르고 불꽃을 조절하기 쉬운 뛰어난 장점이 있다. 때문에 현재에도 요리 전문가들은 가스 오븐을 자주 애용한다.

19세기 중반에 이미 조지 B. 심슨^{George B. Simpson}은 전기 오븐의 전신이 되는 조리기구를 발명했다. 그는 석탄 화덕판 내부에 전기로 열을 내는 전선을 설치했다. 이 발명으로 1859년에 미국 특허권을 얻었다. 하지만 그의 발명품은 실용화되지 않았는데, 당시 전기 콘센트를 가진 가정이 거의 없었기 때문이다. 또한 심슨이 발명한 전기 오븐은 온도조절 장치가 없고, 불을 켜고 끄는 스위치만 있었다. 1893년 시카고 세계 박람회에 몇 가지 문제점이 개선된 완성도 높은 전기 오븐이 전시되었고, 그 전기 오븐이 점차 가정의 부엌에 설치되기 시작했다.

20세기 중반에는 뭔가 미래적인 분위기를 풍기는 요리 도구인 전자레인지가 시장에 나왔다. 이 기계는 음식물에 있는 물 분자를 마이크로웨이브로 가열하는 방식이었다. 전자레인지는 계속 개발되어 기존의 금속판은 특수 유리 세라믹으로 만든 평평한 세란판으로 교체되었다. 신세대 조리기인 인덕션 렌지의 경우, 열기가 음식을 끓이는 자리가 아니라 그릇 속에서 발생한다. 때문에 인덕션 렌지에는 바닥이 강자성체로 된 요리 기구가 필요하다.

34 »

영화와 영화관

사진이 움직이기 시작했을 때

17세기에 이미 대형시장의 곡예사들은 라테르나 마기카라는 환등기로 사람들을 매료시켰다. 발명가들이 그림을 움직이게 하는 방법을 알아낸 후 움직이는 그림이 스크린을 정복하자 관람객의 놀라움은 더욱 커졌다. 1895년 프랑스의 형제 오귀스트와 루이 뤼미에르는 유럽에서 처음으로 영화 상영을 했다.

≫ 19세기 말에 스테레오스코픽(두 눈의 시차를 이용해 원근감을 제공하는 기법 – 옮긴이) 상자가 대중에게 큰 인기를 끌었다. 돈을 내고 들여다보는 상자 앞에 앉은 사람이 두 개의 틈구멍에 눈을 대고 그림들을 보는 것이었다. 이 그림들은 특수 방법으로 촬영되어 3D 영화처럼 입체적으로 보였다. 이미 약 200년 전, 17세기 중반에 이른바 라테르나 마기카Laterna Magica(현대 카메라와 영사 기술의 전신. 내부의 광원이 이미지의 영사를 가능하게 했다 – 옮긴이)가 보는 이들의 황홀감과 감탄을 자아냈다. 이 마법의 환등기는 유리 렌즈와 초의 불빛을 이용해 유리에 그려진 그림을 확대해 벽에 투사하는 방식이었다. 흥행사들이 이 라테르나 마기카를 가지고 큰 시장에 나타나 사람들을 열광케 했다. 이것이 바로 공중 환등기 쇼의 초기 형태였다.

많은 발명가들이 그림을 움직이게 하려는 아이디어에 몰두했다. 1832년 페나키스티스코프Phenakistiskop가 발명되었다. 이는 벨기에의 발명가와 오스트리아의 발명가가 각자 독립적으로 고안한 기계였다. 둥그런 원반에 움직임의 과정을 보여주는 여러 그림들이 원형으로 배열되어 있다. 원반을 돌리면 보는 사람에게 움직이는 영상같이 느껴졌다. 그림들이 움직이는 법을 배운 것이다. 이는 손가락으로 그림을 넘겨서 보는 이른바 다우멘키노와 비슷한 원리에 의한 것이다. 이로써 영화의 기본 원리가 발명되었다. 이제 이 원리를 개선하는 일이 남아 있었다.

미국의 만능 발명가 에디슨은 1890년경에 자신의 키네토스코프를 가지고 영화 역사에 최초의 시금석을 놓았다. 키네토스코프만 있으면 사진을 촬영하고 상영할 수 있었다. 그런데 이 기계는 관람 상자 안을 들여다보는 한 사람만 보고 즐길 수 있다는 단점이 있었다. 여기서 좀 더 나아간 이들이 프랑스의 오귀스트 뤼미에르Auguste Lumiere와 루이 뤼미에르Louis Lumiere 형제였다. 뤼미에르 형제는 많은 노력을 들여 유럽에서 최초로 영화를 상영한 인물이 되었다. 하지만 전 세계에서 가장 먼저 영화를 상영한 사람은 미국인이었다.

1895년 12월 28일, 뤼미에르 형제는 파리의 '그랑 카페'의 수많은 관중들 앞

이런 관람 상자가 19세기 대형 시장에서 남녀소노에게 큰 인기를 끌었다.

에서 직접 제작한 단편 영화를 선보였다. 상영물은 리옹의 거리 장면이나 역으로 들어오는 기차 같은 평범한 일상생활을 찍은 영상이었지만 관람객들은 움직이는 그림에 크게 놀라는 동시에 매혹 당했다. 뤼미에르 형제는 자신들이 제작한 시네마토그라프 기계를 가지고 세계 순회공연에 나섰다. 시네마토그라프는 곧 여러 도시에 기계의 이름을 따서 세워진 '시네마' 영화관에 팔려나갔다.

사람들은 처음부터 움직이는 영상이 주는 매력에 푹 빠졌던 까닭에 영화의 내용에 대해서는 조금도 생각할 겨를이 없었다. 움직이는 대상이면 무엇이든 촬영되었고, 이를 본 영화관의 관람객들은 놀라움에 찬 탄성을 자아냈다. 카메라 기

술도 그리 특별히 뛰어나지 않았다. 군대 퍼레이드, 국가 장례식, 산책하는 사람들 같은 일상의 장면들을 고정된 대물렌즈로 찍은 단일한 시각으로만 보여주는 정도였다. 하지만 시간이 지나자 제작자에게도 관람객에게도 영화가 너무 지루해졌다. 때문에 허구의 단막 이야기를 배우들이 연기하는 최초의 영화 제작이 시작되었다. 또한 각각의 영상들을 오버랩하는 기술과 장면을 다듬는 편집 기술 등, 최초의 영화 기법이 20세기 초 극영화에 사용되었다. 이 분야에서 특히 프랑스인 조르주 멜리에스George Melies가 뛰어났다. 멜리에스는 뛰어난 마법사이자 극장 소유주였다. 멜리에스는 오늘날의 영화 형태를 발전하게 만든 최초의 영화 기법 고안자들 중 한 사람으로 꼽힌다.

영화는 수많은 개별 사진으로 구성된다. 사진이 움직인다는 인상은 사진이 아주 빠르게 차례차례 연속적으로 제시되기 때문에 생겨난다. 초당 15개의 사진부터 환영이 완벽해진다. 이때부터 눈은 더 이상 각각의 사진으로 인지할 수 없고, 움직이는 동작인 듯 허상을 보여주는 영화 효과만 인지한다. 초당 더 많은 사진들을 보여줄수록 시각적 착각은 현실과 더욱 가까워진다. 영화관에서는 초당 24개의 사진을, 텔레비전에서는 초당 60개의 사진을 보여준다.

최초의 영화는 무성영화였다. 미국 영화관 최초의 대흥행작은 1915년의 무성영화 서사시 〈국가의 탄생The Birth of a Nation〉이었다. 상영시간이 3시간인 이 영화는 미국의 남북전쟁 시대를 배경으로 하는 가문의 전설을 다루었다. 이때만 해도 영화의 개별 장면에 대한 기술적인 가능성, 즉 적절한 음향과 배우들의 목소리를 재현하는 기법은 아직 갖추지 못했다. 이 최초의 영화는 내용과 대화를 전달하기 위해 해당하는 순간에 자막을 삽입하고, 장면에 필요한 음향은 피아니스트가 개개 장면마다 경쾌하거나 우울하고 급박한 느낌으로 건반을 두드려 적절히 배경음악을 넣었다.

1920년대 초, 유성영화가 보급되어 영화관에서 피아노를 치던 사람들이 직장을 잃었다. 폴란드 출신의 미국 엔지니어 조셉 타이코친스키-타이코시너Jozef Tykocinski-Tykociner가 유성 영화를 만든 장본인이었다. 그는 필름 롤의 이미지트랙에 사운드트랙을 입힘으로써 영상과 소리를 동시에 재현할 수 있게 한 최초의 인물이었다. 이로써 새로운 영화의 시대가 열렸다. 하지만 많은 배우들은 시위를 벌이며 새로운 흐름에 참여하지 않으려 했다. 배우들은 이전까지 소리 없는 몸짓과 표정으로 구성된 위대한 예술을 스크린에 옮겼지만, 이제 음성을 넣음으로써 그들이 매우 크게 평가해온 연극적 표현력이 상실될 것을 두려워했다. 처음에 유성영화를 강력하게 반대한 이들 중 한 사람이 무성영화의 스타 찰리 채플린이었다. 하지만 채플린도 유성영화의 승승장구를 막을 수는 없었다. 1927년, 현재에도 존재하는 영화 제작사 워너브라더스가 최초의 유성영화를 영화관에 들여왔다. 뉴욕 브로드웨이 무대에서 이미 큰 성공을 거둔 〈재즈 가수The Jazz Singer〉가 영화로 제작되어 다시 한 번 대단한 흥행을 올렸다. 미국 할리우드는 거대한 영화산업의 중심지가 되었다. 할리우드의 수많은 영화 제작소에서 영화가 마치 컨베이어벨트에서 나오듯 대거 제작되면서 영화사는 거듭 새로 쓰였다. 그러는 사이에 인도와 나이지리아 등에도 거대한 영화산업이 생겨났다.

텔레비전이 점차 더 많이 보급되면서 영화관은 시들기 시작했다. 전통적 영사관은 수명을 다하는 듯했다. 그러나 어마어마한 비용을 들인 영화 제작, 최첨단 특수효과, 돌비 서라운드 시스템에 의한 음향 재현 개선, 3D 영화, 무엇보다 관람객의 다양한 취향을 고려한 영화 제공으로 오늘날 영화는 여전히 주요한 여가활동의 하나로, 대중문화의 중심으로 그 역할을 지키고 있다.

"영화는 자신의 실제 삶에서 몇 시간 동안 떠나기 위한 구실이다."

_스티븐 스필버그Steven Spielberg

35

X-레이

손뼈 사진이 의학계에 일으킨 혁명

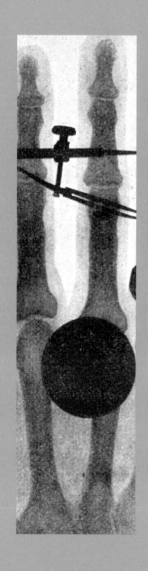

1895년, 한 여인의 손뼈 사진이 대서특필되었다. 그것은 당시 우연한 기회에 대단한 발견을 한 독일 물리학자의 부인 베르타 뢴트겐의 손을 찍은 사진이었다. 뢴트겐의 발견은 특히 의학 분야에 혁명을 일으켰다.

물리학자 빌헬름 콘라트 뢴트겐Wilhelm Conrad Rontgen은 19세기 말, 독일 뷔르츠부르크 대학에서 연구에 몰두하고 있었다. 1845년 레네프에서 출생한 뢴트겐은 프랑켄 지방에서 이론 물리학 교수직을 얻었다. 그는 음극선에서 빛이 발생하는 원인을 찾으면서 그 상황에서의 이온과 전자의 작용도 연구했다.

뢴트겐은 어느 날 실험을 하던 중 흥미로운 발견을 했다. 실험실이 완전히 어두웠는데도 실험에서 필요한, 특수칠을 한 종이가 형광빛을 내는 게 눈에 띈 것이었다. 그 빛 효과는 눈에 보이지 않는 광원에서 나온 게 틀림없었다. 왜냐하면 음전기 진공관 자체가 완전히 덮여 있었기 때문이었다. 눈에 보이지 않는 수수께끼의 전자기파를 발견한 뢴트겐은 그것을 'X-레이'라고 불렀다. 영어권에서 가져온 이름으로 인해 오늘날에도 뢴트겐선을 'X-레이'라고 한다. 뢴트겐선은 원자와 분자들에 있는 전자들이 높은 전압 상태에서 변화하는 과정을 통해 발생한다.

뢴트겐은 이어지는 실험에서 X-레이가 밀도가 대단히 큰 경우를 제외하고, 물질을 대부분 관통한다는 것을 알아냈다. 그리고 X-레이의 또 하나의 특징은 일반 빛처럼 사진 효과를 내는 것이었다. 뢴트겐은 X-레이를 여러 대상물에 쏘이며 그 뒷면에 사진판을 놓았다. 빛을 쏘이면 사진판에 대상물의 윤곽이 뚜렷하게 나타났는데, 그것은 X-레이가 관통할 수 없는 부분이었다. 예를 들어 나무상자의 경우는 못이 나타났고, 역시 실험 대상이던 아내의 손을 찍자 뼈의 구조가 나타났다.

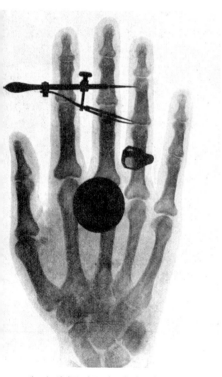

새로운 역사를 만든 베르타 뢴트겐 부인의 손 사진.

뢴트겐의 발견은 의학계에 번개같이 소문이 퍼졌다. 인체를 투과해 볼 수 있고, 그것을 통해 질병 증세를 확인할 수 있는 가능성 외에 곧 X-레이로 암 환자와 결핵 환자를 치료하기 시작했다.

하지만 의학 분야에서만 이 기적의 뢴트겐선을 사용한 게 아니었다. 제화 점업자들도 상점에 뢴트겐선을 설치해 놓고 손님들이 신발을 신어볼 때 뢴트겐선을 투과해 새 구두가 잘 맞는지 확인할 수 있었다. 하지만 그 일은 위험한 서비스였다.

독일 물리학자 빌헬름 뢴트겐. 자신이 발견한 신비로운 선을 'X-레이'라 불렀다.

획기적인 발명에 대한 행복감에서 모두가 뢴트겐선의 긍정적인 작용에만 관심을 두었지, 건강에 부정적인 작용도 있을 수 있다는 것을 고려하지 않았다. 하지만 오늘날 사람들은 뢴트겐선을 자주 쐬면 암을 유발할 수 있다는 것을 안다. 때문에 환자와 실험실 연구자들은 반드시 보호복을 착용해야 한다.

마치 신들린 사람처럼 X-레이의 확장 연구에 들어간 뢴트겐은 1895년 12월 28일에 벌써 연구 결과를 〈새로운 종류의 선에 대해Uber eine neue Art von Strahlen〉라는 제목으로 발표했다. 다음 해에 이미 X-레이는 발견자를 기리기 위해 '뢴트겐선'이라는 이름을 얻었다. 1901년, 뢴트겐은 제1회 노벨 물리학상을 받았다.

36

합성수지

어디에든 이용할 수 있는 만능재료

산업시대에 가장 성공한 발명품 중 한 가지는 다양한 목적에 사용되는 합성수지다. 합성수지는 현대사회에서 도저히 빼놓을 수 없는 만능재료다. 1907년 플랑드르의 화학자 리오 헨드릭 베이클랜드가 베이클라이트라는, 다용도로 쓸 수 있는 합성수지를 발명했다.

≫ 합성수지(석유나 천연가스, 석탄 등을 원료로 하여 화학반응을 통해 만드는 고분자 화합물을 통틀어 이르는 말. 건축 용

재나 각종 부품 및 식기 등에 사용된다. 폴리염화비닐, 폴리에틸렌 따위의 열가소성熱可塑性 수지와 페놀 수지, 요소尿素 수지

따위의 열경화성熱硬化性 수지가 있다 – 옮긴이)라는 명칭은 그 물질이 절반 이상 혹은 전부가 합

성을 기초로 제조되어 붙여진 것이다. 합성수지는 서로 연결되며 짜 맞추어지는

끝없는 분자사슬로 구성되는데, 그것을 전문용어로 중합체라고 한다. 다양한 활

용성으로 인해 우리 생활에서 더 이상 떼어놓을 수 없는 합성수지는 세월을 거

듭할수록 모든 제조 생산품 및 산업 부문에 만능 해결사로 사용되었다.

19세기 말, 많은 연구자들이 철을 대체하여 어디에든 이용할 수 있는 물질을

개발하기 위해 노력했다. 최초의 합성수지 종류 중 하나가 베이클라이트(석탄산과

포름알데히드를 반응시켜 만든 합성수지 – 옮긴이)다. 벨기에인 리오 헨드릭 베이클랜드Leo Hendrik

Baekeland가 합성수지를 발명하고 그 기적의 물질에 자신의 이름을 붙인 것이었다.

플랑드르의 화학자 베이클랜드는 당시 기존의 천연소재를 대체할 새로운 종류

의 소재를 개발하고 있었다. 베이클랜드의 발명품은 더욱 발전해 1907년 모든 제

품에 사용할 수 있는 페놀수지 형성재료를 생산하게 되었다. 베이클라이트로 파

이프를 무는 부분, 연장 도구 손잡이, 재떨이 등을 만들었다. 더욱이 합성수지는

가연성이 없고, 전기 단열의 특성이 있어 스위치나 전기 기계의 케이스로 이용되

는 물질로서 전기산업 분야에서도 활용되었다. 라디오, 전화

기를 비롯해 수많은 가전제품의 몸체가 1960년대까지

합성수지로 제조되었다. 최초의 합성수지가 모든 생

산품을 장악한 시대였다. 패션의 세계도 합성수지

의 덕을 보았다. 얇은 합성섬유를 이용해 질긴 옷

감을 제조할 수 있었기 때문이다. 깃털같이 가벼운

나일론은 곧 숙녀들의 다리를 착 감는 스타킹이 되

었다. 1935년, 미국에서 개발된 섬세한 합성섬유는 곧

합성수지로 만든 1950년대 전등 스위치.

바로 히트 상품이 되어 여성의 에로틱과 동의어가 되었다. 프라이팬과 냄비 바닥에는 음식물을 전혀 달라붙지 않게 하는 테플론을 입혀 실용성을 극대화했다. 테플론을 입힐 생각은 1938년 미국의 업자에게서 나왔다.

접착제는 합성수지 제품을 제조하는 과정에서 우연히 생겨난 물질이었다. 미국의 해리 쿠버Harry Coover는 몇 가지 화학 혼합물에서 접착제를 얻었는데, 사실 실패한 실험의 결과로 성공적인 생산물을 만들어낸 것이었다. 쿠버는 1942년 순간접착제를 시장에 내놓았다.

그런데 합성수지 세계에서 나온 모든 성공 스토리에서 잊어서는 안 되는 사실은 이 기적의 물질이 위험성도 지니고 있다는 것이다. 일부 합성수지는 썩지 않

벨기에인 리오 헨드릭 베이클랜드가 1907년 다용도로 쓸 수 있는 최초의 합성수지인 베이클라이트를 발명했다.

는다. 쓰레기로 버려진 많은 합성수지들은 심각한 문제가 되고 있다. 합성수지가 쓰레기 처리 시설 내에서 독성 물질을 내뿜기 때문이다. 1980년대 생태학 운동에서 환경오염에 대한 캠페인을 벌이며 합성수지 제품 사용을 비판하는 목소리가 커지기 시작했다. 환경보호자들은 무분별한 일회용품 사용을 비판하며 "비닐 대신 마 섬유"라는 구호를 외쳤다. 그 이후 합성수지 산업은 독성 물질의 함량을 제한하려고 노력한다. 또한 한 번 사용한 합성수지 제품들, 특히 플라스틱 병을 회수해 재활용함으로써 새로운 합성수지 제조의 원자재로 사용하기도 한다.

"영혼이 없는 사람들은 영혼이 없는 물건, 플라스틱을 좋아한다. 그들이 플라스틱을 그토록 좋아하는 이유는 플라스틱과 너무도 닮았기 때문이다." _ 얀 델라이Jan Delay

37

컨베이어벨트 기술

기계 박자에 의한 노동, 그리고 인간의 소외

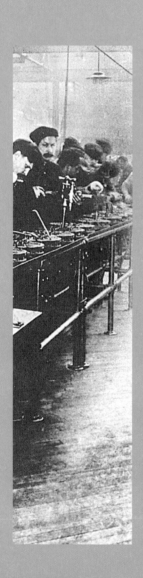

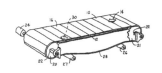

"시간이 돈이다." 이 격언은 이미 수백 년 전에 경제관념과 행동양식을 규정했다. 물건을 빠르고 저렴하게 생산하기 위해 '분업'이라는 아이디어가 고안되어 공장제 수공업에서부터 적용되었다. 그간 개별적으로 일하던 수공업자들은 전 제조 과정의 분업 구역에 배치되어 주어진 작업을 맡았다. 여기서 한 발 더 나아가 20세기 초, 컨베이어벨트 기술의 도입으로 자동차 산업이 혁신되었다.

≫ 많은 생산품을 가능한 빠르게 최소의 비용을 들여 생산하는 것이 경영의 원칙이다. 일찍이 공장에서 이 원칙에 맞게 작업 과정을 최적화하기 시작했다. 중세 후기에 이미 새 원칙에 의해 작업하는 최초의 수공업 공장이 생겨났다. 이른바 공장제 수공업장에 다양한 분야의 수공업자들이 모여 한 가지 제품을 생산해냈다. 그들이 산업시대 공장의 선구자였다.

공장제 수공업 원칙에 따라 다양한 마차가 생산되었다. 수레를 만드는 목수는 마차 몸체를 제작하고, 바퀴 제조자는 축과 바퀴를 만들고, 방석을 만드는 사람은 마차 내부를 맡았다. 가구 생산에서도 다양하게 작업 분담이 이루어졌다. 하지만 효율성이 극대화된 이러한 분업 생산방식은 치명적인 부작용이 있었으니, 그것은 생산품으로부터 수공업자가 소외되는 것이었다.

산업시대의 시작과 더불어 소외 과정이 가속화되었다. 증기력과 전기의 발명으로 공장의 기계 속도가 비약적으로 빨라지자 사람들은 더 빨라진 기계에 적응해야 했다. 이것이 컨베이어벨트 기술 탄생의 순간이었다. 이 새로운 생산방식의

컨베이어벨트 작업의 지지자이자 테일러리즘의 창시자 프레드릭 윈슬로 테일러.

선두 주자는 미국이었다. 미국인들은 급격히 인구가 늘어나면서 이들을 위한 신속한 식량 공급을 위해 식료품마저도 컨베이어벨트에서 제조했다. 19세기 말, 시카고의 대량 도축장에서는 도축될 가축을 사슬에 거꾸로 매단 채 체인을 돌려 해당 작업소로 운반해 도축하고 절단했다. 이전에 조수 한 사람을 데리고 하던 도축은 소를 부위별로 나누는 데만도 하루 종일이 걸렸다. 하지만 새로운 방식에 의해 이제 작업은 15분밖에 걸리지 않았다.

속성 교육을 받은 노동자들이 컨베이어벨트에서 포드 '모델 T'의 자동차 부속을 조립하고 있다.

시카고의 현대식 도축장을 본 엔지니어 프레드릭 윈슬로 테일러^{Frederick Winslow} ^{Taylor}는 다른 산업 분야에도 새로운 작업방식을 적용할 생각을 했다. 전문 인력을 사용하려면 따로 양성 과정을 거쳐야 하고, 높은 보수를 지급해야 했다. 한편 이 민자들의 나라인 미국에는 값싼 인력이 해변의 모래처럼 많았다. 복잡한 제조 과정을 아주 간단한 작업 단계로 나누면 전문기술이 없는 사람들도 작업을 할 수 있었다. 이때 각각의 작업 단계가 어디서든 막힘없이 흐르는 게 중요했다.

테일러의 이론은 당시 신생 산업인 자동차 제작에도 적용되었다. 헨리 포드는 보다 폭넓은 대중에게 자동차를 공급하려 했는데, 그 일은 오직 대량생산을 통해서만 가능했다. 1908년, '틴 리지'라는 애칭으로 불린 자동차 '모델 T'가 거리에

선을 보였다. '모델 T'는 컨베이어벨트에서 제작된 세계 최초의 자동차로 디트로이트의 공장에서 생산되었다.

일부에서는 이제 인간이 톱니바퀴 속에 든 부속품에 지나지 않는 존재, 기계의 일부가 되었다고 비판했다. 하지만 컨베이어벨트는 산업의 각 분야에 전면적으로 수용되었다. 오늘날은 자동기계가 수많은 작업 과정을 처리한다.

프레드릭 윈슬로 테일러는 1856년 미국 펜실베이니아 주에서 태어나 1915년 필라델피아에서 사망했다. 엔지니어 테일러는 인간공학(기계나 도구, 환경 따위를 인간의 해부학, 생리학, 심리학적 특성에 알맞게 하기 위해 연구하는 학문 분야 – 옮긴이)에서 빼놓을 수 없는 인물로 통한다. 그가 바로 테일러리즘을 만든 장본인이기 때문이다. 테일러리즘은 작업조건을 표준화해서 과학적으로 작업 과정을 관리하는 원칙을 말한다. 작업 과정에 들어가는 기본 시간을 스톱워치로 측정해 그것을 시간 표준으로 삼았다.

그 사이 '저스트 인 타임Just in Time(시간에 맞춰)' 생산방식이 현대 제조업의 신앙이 되다시피 했다. 공장들은 더 이상 비싼 물류창고를 유지·관리하지 않는다. 그 대신 하청업자도 자동차 부품도 전체 부품 중에 필요한 수만큼만 필요한 시간에 최종 조립 공장에 공급하는 방식으로 자동차가 생산된다.

"예전에는 인간이 첫 번째 위치에 있었다. 하지만 미래에는 시스템이 첫 번째 위치에 있을 것이다."_프레드릭 W. 테일러

38

라디오와 텔레비전

전파에 소리와 영상을 싣고

지금 이 순간에도 마이크와 카메라로 포착한 내용이 방송국을 통해 전 세계로 전송된다. 세계적으로 수많은 라디오 및 텔레비전 프로그램이 개발되어 사람들의 다양한 취향을 고려한 방송이 24시간 제공되고 있다.

≫ "주목, 주목, 여기는 베를린 방송국, 폭스하우스, 주파수 400……."

1923년 9월 29일 20시에 독일 최초의 라디오 정규방송이 시작되었다. 미국과 네덜란드에서는 이보다 먼저 시작되었다. 라디오와 텔레비전 방송의 기술적 기반은 35년 전인 1888년에 이루어졌다. 독일의 물리학자인 하인리히 헤르츠Heinrich Hertz가 전자기파를 만들어내고 그 실용성을 증명해 보이자 급속도로 퍼졌다. 헤르츠는 영국 물리학자 맥스웰이 1865년에 내놓은 이론을 기초로 전자기파를 연구했다. 하지만 맥스웰과 헤르츠의 연구 결과가 실제로 활용되기까지는 몇 년이 더 지나야 했다. 1897년, 이탈리아의 연구자 굴리엘모 마르코니Guglielmo Marconi는 무선 전신을 이용해 16km나 떨어진 곳에 신호를 보내 세상을 놀라게 했다. 이 때부터 기술적 발전은 빠르게 진행되었다. 1년 후에 독일 교수 아돌프 슬라비Adolf Slaby는 거리가 60km도 넘게 떨어진 곳에 전송할 수 있는 무선 부호를 개발했다.

이 새로운 실험은 곧바로 실용화되었다. 얼마 안 돼 북독일 쿡스하펜과 등대선 엘베 1호에 무선 전신소가 설치됐다. 이 일이 성공하자 1900년 5월 15일에 북해의 섬 보르쿰과 등대선 보르쿰/리프 간에 최초의 독일 전신 시설이 가동되었다. 1903년에는 새로운 의사소통 기술을 상업적으로 이용하는 최초의 독일 콘체른(거대한 기업의 금융적인 지배하에 각자 독립성을 지닌 기업들의 결합 – 옮긴이)이 생겼다. 제1차 세계대전으로 인해 무선 통신 기술의 발전은 전 세계에 걸쳐 나타났다. 각 나라의 군대가 새 기술에 전폭적인 관심을 보였기 때문이다. 전쟁이 끝난 후 베를린에 라디오 프로그램의 기획과 구성을 담당하는 '독일 제국 방송 운영 기구'가 창설되었다. 그리고 독일 방송국의 아버지로 통하는 한스 브레도우Hans Bredow가 전신국장이 되었다.

1923년, 20시부터 21시까지 한 시간 동안 정규 저녁 프로그램 방송이 시작되었다. 그것이 라디오 방송 시대의 시작이었다. 다른 도시들에서도 프로듀서를 구하기에 바빴다. 이 시기에 등록된 라디오 방송 관계자들의 수가 467명에 달했다. 1년

이탈리아의 발명가 굴리엘모 마르코니Guglielmo Marconi, 라디오 발명의 선구자들 가운데 한 사람이다.

1967년, 당시 부총리이자 외무장관인 빌리 브란트가 빨간 단추를 누르는 신호로 독일에서 컬러 텔레비전 방송이 시작되었다.

후 독일에서 그 수는 이미 3배로 늘었다. 라디오 청취가 대유행이 된 것이다.

> 1920년, 독일 최초의 라디오 방송이 시작되었다. 오늘날의 브란덴부르크 주에 있는 장파長波(파장이 3000m 이상인 전파. 주로 근거리 통신에 이용된다 – 옮긴이) 방송국 쾨니히스 부스터하우젠은 원래 우편 업무를 위한 방송국이었다. 이 방송국에서 12월 22일, 우체국 직원들을 위해 크리스마스 특별 프로그램을 내보냈다. 노래, 시, 짧은 악곡으로 구성된 프로그램이었다. 방송의 성격은 비록 테스트 방송에 가까웠지만 이후로 브란덴부르크는 독일 방송국의 탄생지로 통한다. 때문에 도시의 문장에도 우뚝 솟은 송신탑이 그려져 있다.

　방송국은 당시에도 이미 방송 요금을 받아 운영 자금을 꾸려나갔지만 고작 1년에 24마르크를 받는 수준이었다. 물론 그렇게 적은 방송 요금으로는 높은 투자비용을 회수할 수 없었다. 하지만 회사는 미래를 내다보았다. 당시 사람들 대부분은 이어폰으로만 들을 수 있는 작은 라디오만 살 수 있는 형편이었다. 돈을 더 많이 지출할 수 있는 사람은 라디오보다 더 좋은 텔레비전을 살 수 있었다. 1933년, 권력을 잡은 나치는 새로운 매체를 선전 목적에 이상적으로 이용할 수 있음을 즉시 알아챘다. 나치의 권력자는 전국에 이른바 '민족 수신기'라는, 모든 가정에서 사용할 수 있는 값싼 라디오를 도입해 정치 구호를 유포하는 데 이용했다.

　제2차 세계대전 후 서방 승전국이 점령 지역을 관리하고, 승전국은 민주주의 이념을 기반으로 하는 라디오 방송을 장려했다. 방송은 중파 주파수로 전파되었다. 중파 주파수로는 폭넓은 지역에 방송을 보낼 수 있었지만 대신 음질이 나빴다. 그것이 1950년대 중반에 초단파UKW로 대체되면서 달라졌다. 초단파는 도달 범위가 좁아 수많은 전송탑을 갖춘 시스템을 건설해야 했지만 음질이 월등히 좋았다. 게다가 곧 스테레오 수신도 가능해졌다. 오늘날 라디오의 미래는 컴퓨터로 듣는 디지털 방송 프로그램에 있다. 수많은 라디오 프로그램을 제공하는 위성에서 최상의 음질을 가진 신호를 보낸다.

라디오 기술 분야에서 이루어진 발전에 고무된 사람들은 소리뿐만 아니라 영상도 무선으로 전송하기 위해 엄청난 열정으로 연구했다. 수많은 발명가들이 동시에 이 아이디어에 매달렸다.

1924년, 라이프치히의 물리학자이자 전기 기술자 아우구스트 카롤루스^{August Karolus}는 텔레비전 전송을 위한 빛 조정 장치를 개발해 특허를 얻었다. 이 신기술의 문제는 화면을 보는 사람의 눈에 있다. 텔레비전은 가능한 많은 영상을 빠르게 전송하는 게 관건이다. 최소한 1초당 15개의 영상이 지나가야 눈이 사진을 움직이는 영상으로 인식한다. 이 기술은 이코노스코프의 발명으로 최적화되었다. 이 전자 촬영기는 카메라의 대물렌즈에서 촬영된 영상이 한 점 한 점 주사되어 전송 및 수신 가능한 신호로 바꿀 수 있는 것이다. 1931년에 이미 이 원리를 이용한 텔레비전 기계를 선보일 수 있게 되었다. 전송된 영상을 수신할 때, 빠르게 바뀌는 전압과 전기를 가시화하는 브라운관이 도입되었다. 이것은 브라운관 모니터에 내재된 음극선관의 원리로 오늘날에도 사용된다.

1935년, 독일에서 세계 최초의 텔레비전 정규 프로그램이 방송되었다. 1년 후 영국의 BBC 방송국도 출범했다. 영국의 텔레비전 선구자들은 독일보다 늦게 방송을 시작했지만 대신 질적으로 더 우수한 영상을 내보냈다.

제2차 세계대전이 끝난 후 독일에서는 1952년에야 비로소 다시 텔레비전 프로그램을 방송할 수 있었다. 함부르크에 있는 옛 방공호가 방송국으로 사용되었다. 텔레비전은 당시 가격이 약 1000마르크에 달했다. 당시 텔레비전은 일반 노동자의 벌이로는 살 수 없을 정도로 비싼 사치품이었다. 때문에 스포츠 중계 같은 인기 있는 방송은 음식점에서 다른 사람들과 같이 시청해야 했다. 당시 영상은 흑백 화면으로 흐릿하게 보이는 정도였다. 하지만 곧 컬러 영상이 가능해졌다. 1954년, 미국에서 처음으로 컬러 텔레비전이 생산에 들어가 급속하게 대중화되었다. 1967년에는 독일도 TV 프로그램을 컬러 화면으로 볼 수 있을 만큼 발전했다. 그리고 미국보다 화질이 더 좋은 방송을 내보낼 수 있었다. 당시 외무장관 빌리 브란트^{Willy Brandt}가 단추를 눌러 독일 컬러 텔레비전 방송의 시작을 알리는 신호를 보냈다. 오늘날의 방송국들은 영상 및 음질을 최적화하고 수신 가능한 프로그램 수를 늘리는 데 주력하고 있다. 더욱이 아날로그 전송 방법은 20세기 말부터 디지털 방식으로 바뀌어가는 추세에 있다.

39

지퍼

참을성 없는 남자의 실용적 발명품

미국의 한 발명가가 단추와 구두끈의 대안으로
발명해낸 지퍼는 많은 사람들에게 더없는 편리
함을 주었다. 하지만 지퍼의 양쪽 이빨이 유연하
게 맞물리기까지는 숱한 시간과 힘겨운 개발 작
업이 투입되어야 했다. 드디어 지퍼는 스웨덴의
엔지니어와 스위스의 사업가가 의기투합해 생
산을 시작한 1923년에 출시되었다.

바지, 치마, 재킷, 신발 등 온갖 물건에 지퍼가 달려 있다. 지퍼는 옷을 간단하게 여밀 수 있게 해준다. 지퍼를 밑으로 쭉 내리거나 위로 쭉 올리면 끝이다. 순식간에 옷을 입거나 벗을 수 있고, 성가신 단추나 끈은 더 이상 필요치 않다. 연신 단추를 채우고 끈을 묶는 게 너무도 귀찮았던 남자가 이 실용적인 맞물림 시스템을 고안했다. 1836년 시카고에서 태어난 휘트컴 레너드 저드슨Whitcomb Leonard Judson은 '신발 잠금장치'를 개발해 1890년에 특허를 신청했다. 휘트컴의 걸쇠 잠금장치Clasp Locker는 1893년 시카고 세계 박람회에서 주목을 끌기는 했지만 인기 상품이 되기에는 역부족이었다. 잠금장치를 신발과 옷에 사용하기에는 기능이 아직 충분치 않았다. 잠금장치를 올려 잠글 때 금속 사슬이 걸리거나 아예 꼼짝도 않기 일쑤였다. 외출해서 옷의 잠금장치가 올라가지 않아 사람들 앞에서 민망해지는 경우가 자주 생기곤 했다. 또한 제작비용이 많이 들어 수익이 크게 남지 않는 문제도 있었다.

지퍼의 기계학적 기능은 쪼임쇠 원리에 기초를 둔다. 양쪽에 작은 이빨이 달린 측면 부분이 쪼임쇠 속에 들어가 있고, 쪼임쇠에 의해 지퍼의 양쪽 이빨이 선로처럼 이어지며 맞물렸다 풀렸다 하는 것이다. 고리 역할을 하는 이빨들은 T자 모양으로 안쪽으로 쉽게 구부러진다. 쪼임쇠가 지퍼 줄을 지나가면 두 줄이 맞물린다.

하지만 저드슨은 포기하지 않고 자신의 발명품 기능을 개선하는 데 힘썼다. 그 문제의 해결은 1904년에 사업 파트너인 변호사 루이스 워커 대령Colonel Lewis Walker이 미국으로 이주한 스웨덴 청년을 회사에 고용함으로써 해결되었다. 엔지니어 기드온 선백Gideon Sundback은 휘트컴의 발명품의 숨은 잠재력을 즉시 알아채고 '플라코 패스너Plako-Fastener'라는 개선된 지퍼 시스템을 구상했다. 다른 수많은 발명품과 마찬가지로 지퍼도 군대에서 사용하게 된 계기로 성공가도가 열렸다.

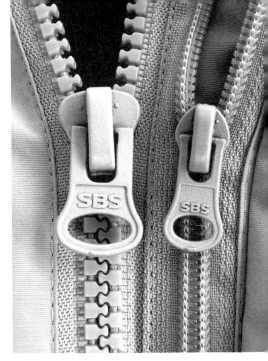

실용적 발명품 지퍼. 옷을 단단히 여밀 수 있다.

제1차 세계대전 중에 미국 해군이 지퍼가 달린 방풍 군복을 입었다. 1909년에 사망한 휘트컴은 자신의 발명품의 뒤늦은 성공을 지켜보지 못했다. 휘트컴의 발명품과 선백이 개발한 개량품에 대한 유럽 특허권 및 제작권을 확보한 사람은 스위스의 기업가 마르틴 오트마 빈터할터Martin Othmar Winterhalter였다. 빈터할터와 선백은 스위스의 상트 갈렌 지방에서 만났다. 선백은 자신의 생산품에 대한 새 판매 경로와 새 사업 파트너를 찾고 있었다. 빈터할터는 미국 모델을 개량한 제품을 1923년부터 부퍼탈 공장에서 대량생산했다. 빈터할터는 조임틀과 작은 구슬로 이루어진 구형 모델을 갈빗대처럼 도드라지게 난 줄과 파인 홈으로 대체해 시장에 내놓았다. 그는 이 원리로 만들어진 지퍼에 '리리'라는 새 상표를 붙였고, 이 이름은 당시 지퍼와 동의어가 되었다. 오늘날의 지퍼도 빈터할터가 1920년대에 개발한 개량 모델과 거의 차이가 없다. 물론 초기 지퍼의 이빨은 금속으로 제작되었다. 오늘날은 지퍼 이빨을 대부분 플라스틱으로 만든다. 지퍼는 독일에서 연간 약 7000만m가 제조된다.

"남자들은 참을성이 없다. 그래서 남자들이 지퍼를 발명한 것이다."

_ 센타 버거Senta Berger

40

약

건강과 생명을 지킬 수 있는 시대

원시시대의 부족들도 이미 특정한 약초의 효능을 알고 있었다. 이후 이집트인, 그리스인, 로마인은 약제학 분야의 진정한 전문가가 되었다. 산업시대에 개발된 접종약과 항생제가 수많은 환자들을 치료하면서 의학 연구는 탄력을 받았다. 여기에는 1928년 페니실린의 발견이 결정적 역할을 했다.

두통약, 수면제, 피임약, 해열제 등 특정 효능과 증상 억제를 위한 수많은 약이 존재한다. 모든 알약과 가루약은 자연에서 나온 것이다. 사람들은 매우 일찍이 특정한 약초의 효능을 발견했다. 잎사귀, 꽃, 열매, 즙, 줄기, 뿌리를 이용해 팅크(동식물의 물질을 알코올로 우려내어 만든 약 – 옮긴이), 붕대, 음료, 연고를 만들어 상처와 질병에 쓰면 어느 정도 효과가 있었다. 이라크에서 발견된, 기원전 7만 년~4만 년의 네안데르탈인 무덤에서 7가지 약초의 흔적을 검출했는데, 그것은 샤먼(샤머니즘shamanism에서, 병을 고치고 공동의 제사를 주관하며 죽은 자의 영혼을 저세상으로 인도하는 역할을 하는 사람 – 옮긴이)의 무덤에 넣는 봉입물이라 추측된다.

치료 행위에서 나온 경험은 세대에 걸쳐 전수되면서 개선되고 최적화되었다. 또한 문자가 발명되자 최초의 처방집도 저술되었다. 이미 뛰어난 의학 지식을 활용한 수메르인들에 이어 이집트인들이 의학 분야의 방대한 경험을 수집해 후세에 남겼다.

그리스인들과 로마인들도 의술과 약제를 이용한 상처와 질병 치료를 더욱 발전시켰다. 기원전 300년경, 그리스 에레소스의 학자 테오파라스토스Theophrastos는 550가지에 이르는 약초 및 독초의 사용방법과 효능에 대한 지식을 가지고 있었다. 로마인들의 경우, 50년경 아버지 플리니우스Plinius가 백과사전을 편찬하면서 자연에서 얻은 약제에 대한 기록을 상세하게 남겼다. 그리고 1세기의 그리스인 디오스쿠리데스Dioscurides가 로마 군의관으로 복무하며 5권으로 집필한 약제학 책은 의학 분야의 대표적 저서가 되었다. 그러나 수많은 의학 지식과 경험들은 로마제국의 몰락과 민족 이동의 혼란기에 사라지고 말았다.

"우리 시대에 이루어진 의술의 성과는 급하게 확산되는 전염병처럼 퍼진다." _ 히포크라테스Hippokrates

그리스의 의술가이자 약초 전문가인 페다니오스 디오스쿠리데스Pedanios Doiscurides, 로마에서 군인으로 복무했다.

하지만 아랍 문화권은 그 시대의 멸망에 전혀 영향을 받지 않았다. 따라서 약제학은 아랍권에서 계속 발전했고, 중세에는 남부 이탈리아와 스페인의 수도사들이 아랍 세계의 의학 서적들을 구하려 애썼다. 아랍의 지식과 더불어 수도원에서 자체적으로 얻은 의술 경험들은 중세 약제학의 기초가 되었다. 수녀 힐데가르트 폰 빙엔Hildegard von Bingen은 약초학 분야에 크게 기여한 인물로 꼽힌다.

이른바 '에버스 파피루스'는 기원전 1500년에 만들어진 것이다. 이 고대 문서를 게오르크 에버스Georg Ebers가 라이프치히 대학 도서관을 위해 1873년에 사들였다. 길이가 약 20m에 이르는 파피루스 두루마리에 수많은 질병, 치료 방법, 약재 처방전이 수록되어 있다.

중세 독일 호엔슈타우펜 황제 프리드리히 2세는 1241년 《리버 아우구스트알리스Liber Augustalis》 법전으로 의사와 약사의 분업을 마련했다. 의사는 앞으로 의술을 통한 환자 치료에 집중하고, 약사는 약제 제조 및 판매에 집중하도록 했다. 약사는 스승에게 지도를 받은 후 장인 신분으로 유랑 생활을 해야 했다.

1493년 스위스에서 출생한 의사 파라셀수스Paracelsus의 처방문은 약제학의 기본 원리가 되었다. 파라셀수스는 일부 독극물도 정량을 처방하면 치료약으로 쓸 수 있다는 것을 알아냈다. 몇몇 약제는 우연히 발견되기도 했다. 18세기 말 영국의 의사 에드워드 제너Edward Jenner는 무해한 우두를 앓은 사람은 치명적인 천연두에 걸리지 않는다는 사실을 발견했다. 그는 이 발견을 바탕으로 의학사 최초로 효과적인 예방접종법을 개발했다. 그 이후 예방접종은 의학의 기본이 되었다. 약제 분야는 19세기에 비약적으로 발전했다. 산업시대의 기술 발전은 실험실 연구에 큰 힘이 되었었다. 이 시기, 새로운 의약품 개발에 투자가 시작되면서 본격적인 제약산업이 탄생했다. 효과가 좋은 새 약제 개발에 집중적 연구를 하게 된 원인의 하나는 19세기와 20세기에 발발한 전쟁이었다. 전장에서보다 야전 병원에서 사망하는 군인들이 더 많았는데, 열악한 위생 상태와 전염병 때문이었다. 알칼로이드, 모르핀, 키닌, 아트로핀의 효능은 알려져 있었지만 모두 독성을 가진 약물이었기에 파라셀수스의 말대로 정량으로 처방되어야만 인체에 치료 효과를 냈다. 모르핀은 세계대전에서 가장 중요한 진통제로 떠올랐다.

하지만 가장 중요한 발견은 스코틀랜드의 세균학자 알렉산더 플레밍Alexander Fleming이 해냈다. 박테리아 배양 실험 도중 우연히 한 배양기가 사상균에 오염되었는데 사상균 주변에는 박테리아가 번식하지 않는 현상이 플레밍의 눈에 띄었다. 이 특별한 사상균이 박테리아를 죽이는 작용을 하는 것이었다. 이 발견이 1928년 의학을 개혁한 최초의 항생제 페니실린이 탄생하는 순간이었다. 한 약제

자신의 발명품 페니실린으로 무수한 생명을 구한 알렉산더 플레밍.

가 아스피린이라는 이름으로 의학사에 기록되면서 만능 치료제로 사용된 것도 큰 발전이었다. 아세틸살리실산^ASS이라는 성분으로 만든 아스피린은 진통, 소염, 해열 등에 효과가 있다. 아스피린이라는 상표는 1899년 제약 회사 바이엘이 등록해 법적으로 보호를 받는다.

IDEA

1960년대 초, 산모가 복용한 탈리도마이드로 기형아가 생긴 콘테르간 사건이 대서특필되었다. 콘테르간이라는 신경안정제는 특히 임신 기간에 복용하도록 추천된 약이었다. 하지만 약의 부작용으로 수천 명에 이르는 태아가 심각한 해를 입었다. 당시 정상적인 사지가 형성되지 못한 기형아가 많이 태어났다. 피해자들은 긴 소송 과정이 지나서야 비로소 제약회사의 배상금을 받게 되었다.

"최근 10년 사이에 의학이 너무도 크게 발전하는 바람에 이제는 건강한 사람이 더 이상 존재하지 않는다." _ 올더스 헉슬리Aldous Huxley

41

악기

소리가 나는 뼈에서 전기기타까지

원시시대 사람들은 뼈, 조개껍질, 속이 텅 빈 나무통으로 최초의 악기를 만들었다. 이 원시 악기가 이후 훌륭한 악기로 발전했다. 20세기까지 울림통에서 소리가 나는 음향 악기가 주도권을 쥐고 있었다. 1932년, 전기기타의 발명으로 음악 세계의 비약적 발전이 이루어졌다.

최초의 악기 발전에는 자연이 큰 역할을 했다. 고고학 발굴에서 4만5000년 이전에 뼈나 나무로 만들어진 최초의 악기가 발견되었다. 우리 조상들은 일찍이 속이 텅 빈 나무에서 소리가 울려난다는 사실을 깨달았다. 속이 빈 몸체를 두드리거나 불면 진동이 일어나는데, 이 진동이 아름다운 소리를 널리 퍼뜨린다. 이 발견에 의해, 소리를 내는 단순한 기구들은 점차 다양한 형태로 개발되어 악기의 원형이 되었다. 인류의 문명과 기술이 발달할수록 악기 제조 분야도 같이 발전을 거듭해 수백 년에 걸쳐 훌륭한 악기 제조의 장인들이 나타났다. 아마티, 스트라디바리, 괴르네리가 제작한 바이올린은 오늘날 값을 매길 수 없을 만큼 귀하고, 뵈젠도르퍼의 피아노나 베히슈타인의 피아노 역시 유명하다.

음악의 선율과 가락은 초기에는 입에서 입으로 다음 세대에게 전해졌다. 여러 문명권에서 문서를 통한 전승이 시작되면서 사람들은 음악 작품도 문자로 남기는 방법을 연구해 음표를 개발했다. 음표 덕분에 바흐, 베토벤, 모차르트 같은 고전음악 대가의 작품들을 오늘날에도 보유할 수 있게 되었다.

1950년대 레트로 스타일의 현대 전기기타. 미국 샤벨 회사의 서프캐스터.

이집트인들은 이미 기원전 3000년경 기보법(손으로 쓰거나 인쇄해서 음악을 시각화하는 방법 - 옮긴이)의 단순한 형태를 개발했다. 이어 그리스인들이 기보법을 좀 더 다듬었다. 기원전 250년경 그림에서 그리스의 기보법은 알파벳 철자를 기초로 했음을 알 수 있다. 9세기에 이미 수도사들은 정확한 합창을 위해 송가집 글줄 위에 기호를 붙이는 작업을 시작했다. 이후 5선 악보 체계가 도입되어 음표, 음색, 음높이, 음길이, 음의 조화가 정확하게 지정되었다.

많은 록 음악가들이 선호하는 전기기타의
명품 리켄베커.

20세기까지는 울림통으로 소리를 내는 음향 악기가 음악 세계의 주도권을 잡았다. 그중에서도 기타는 경음악 앙상블에서 많은 사랑을 받았다. 하지만 다른 악기들에 비해 현악기에는 시대를 이어갈 장점이 없었다. 때문에 울림통이 있는 기타는 순수 리듬악기로서 근근이 명맥을 이어나갔다. 그러자 당시 기타 제조자들은 전기를 이용한 음향 증폭으로 기타 연주에 좀 더 활기를 불어넣을 수 있다는 생각을 해냈다. 1923년, 미국의 유명한 기타 제조사 깁슨에서 일하는 한 엔지니어가 전기기타라는 새로운 악기 형태를 실험했다. 아돌프 리켄베커Adolph Rickenbacker는 동료 보샹Beauchamp과 협력해 콘서트를 할 수 있을 만큼 소리를 증폭한 전기기타를 제작했다.

1932년, 두 기타 제조자들은 전기기타의 특허를 신청했다. 특허청은 수많은 검사를 거친 후 5년 후에야 비로소 그들에게 특허를 내주었다. 전기기타는 처음에는 특히 재즈 장르에서 많이 사용되었다. 이후에는 팝과 록 장르에서 널리 연주되면서 새로운 음악의 탄생에 큰 영향을 주었다.

42

핵에너지

가장 작은 것에서 나오는 엄청난 힘

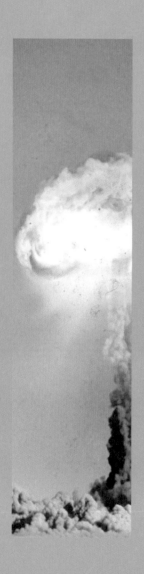

원자는 아주 작지만 그 안에 어마어마한 에너지가 숨겨져 있는데, 원자가 분열될 때 에너지가 터져 나온다. 1938년, 독일 학자 오토 한이 원자 분열의 가능성을 찾아냈다. 이후 원자력은 군사 및 민간 분야에 이용되기 시작했다.

원자력은 오랫동안 화석연료를 대체해 무한히 사용할 수 있는 깨끗한 에너지로 통했다. 하지만 1986년 체르노빌 원전 폭발과 2011년 일본 후쿠시마 원전 사고 이후 원자력 사용을 중단해야 한다는 비판이 세계적으로 일었다. 이 사건들에서 교훈을 얻은 사람들은 생각을 바꾸기 시작했다. 이제 깨끗한 에너지라는 원자력의 이미지는 사라졌다.

원자력은 한때 모든 게 매우 희망적이었다. 1938년, 독일 학자 오토 한Otto Hahn 이 원자를 분열할 수 있는 가능성을 발견했다. 한은 실험에서 원자가 분열할 때 방출하는 어마어마한 에너지를 이용할 수 있다는 사실을 알아냈다. 분열 가능한 원자들은 (핵 연료봉 속에 든 농축 우라늄) 원자로 안에서 임계점(물리학에서 액체와 그 증기의 상태가 같아지기 시작하는 조건 – 옮긴이)에 도달한 질량이 되면 서로 충돌하며 조절된 연쇄반응이 일어나고, 이때 전기를 생산할 수 있는 에너지가 방출된다.

1925년경, 독일 핵물리학자 오토 한이 여성 동료 리제 마이트너Lise Meitner와 실험하고 있다.

1945년, 미국이 네바다 사막에서 그들이 제조한 최초의 원자폭탄을 실험했다.

핵실험은 독일에서만 진행된 게 아니었다. 제2차 세계대전 중 독일 연구팀과 미국 연구팀은 경쟁적으로 앞서거니 뒤서거니 하며 연구에 몰두했다. 1942년, 미국의 연구팀은 최초의 제어 가능한 핵 연쇄반응에 성공했다. 미국 학자들의 목적은 전쟁의 적수를 굴복시키는 핵폭탄 제조에 있었다. 미국 학자들은 기필코 독일 연구자들보다 더 빨리 핵폭탄을 만들기 위해 혈안이 되어 있었다. 하지만 1945년 5월 8일, 독일의 항복으로 핵폭탄 제조 경쟁은 끝이 났다.

1945년 7월 16일, 로버트 오펜하이머Robert Oppenheimer가 이끄는 연구팀이 뉴멕시코 사막에서 최초의 원자폭탄 실험을 했다. 이어 바로 몇 주 후에 미국의 핵폭탄 제조자들은 일본 대도시 히로시마와 나가사키에 각각 한 발씩 원자폭탄을 투하했다. 이때 20만 명이 넘는 사람들이 목숨을 잃었고, 두 도시는 완전히 초토화되었다. 그러자 일본은 즉시 항복했다.

제2차 세계대전이 끝난 후 미국에서는 군사 목적뿐만 아니라 민간에도 사용할 수 있는 핵에너지 연구에 착수했다. 1951년, 미국은 실험용 원자로에서 백열등 네 개에 충분히 불을 밝힐 수 있는 전기 생산이라는 대단한 성과를 올렸다. 이 성과로 전 세계에 핵에너지가 퍼졌다. 수많은 국가에 원자력 발전소가 생겨났다. 독일에서는 1961년 헤센 지방의 칼에서 최초의 원자력 발전소가 가동되었다. 핵연료는 원자력 발전소에서만이 아니라 해군 선박과 잠수함의 추진 연료로도 사용되었다. 1968년 독일에서 핵연료를 쓰는 연구용 화물선 '오토 한'이 운항을 시작했다.

우라늄 1kg으로 전기 35만kWh를 얻을 수 있다. 석유 1ℓ로는 전기 12kWh를 얻을 수 있다. 또한 이산화탄소 배출량도 원자력 발전소가 기존의 석탄 발전소에 비해 더 적은 것으로 나타난다. 하지만 핵에너지에는 위험한 요소가 있다. 핵분열에 의한 방사능 방출은 고도의 안전 설비로만 제어할 수 있다. 그 밖에 핵폐기물 처리 문제도 아직 완전히 해결되지 않았다.

"사람이 먼저 원자를 분열시켰고, 이제 원자가 사람을 분열시킨다."

_ 게르하르트 울렌부르크Gerhard Uhlenbruck

인류사를
가로지른
스마트한 발명들 50

43

컴퓨터

기계 뇌가 인류의 일상을 지배하다

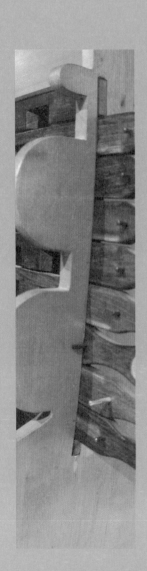

고대의 주판 아바쿠스로 시작해 근대의 기계식 계산기를 거쳐 현대의 고성능 컴퓨터에 이르기까지, 직장과 사생활에서 컴퓨터처럼 지속적으로 영향을 미치는 발명품은 찾기 힘들다. 컴퓨터 시대는 지금까지 존재하지 않았던 방식으로 우리의 생활을 크게 바꾸어놓았다. 1941년, 독일인 콘라트 추제가 현대 컴퓨터의 전신을 만들었다.

➤ 교환무역을 거쳐 통화경제 시대가 열리자 상인들에게는 물건의 수량과 값을 적확하게 계산서에 기입하는 일이 중요해졌다. 이제 숫자를 사용해 수를 적는 기수법과 계산법이 필요했다. 더 이상 열 손가락으로 계산을 할 수 없게 된 사람들은 큰 수를 표현하고 계산도 할 수 있는 방법을 고안했다.

영리한 중국인들은 기원전 1100년경, 9개의 막대기마다 움직일 수 있는 알 7개가 끼워진 주판을 개발했다. 이 주판으로 모든 기본 계산뿐만 아니라 복잡한 근의 계산도 할 수 있었다. 고대 그리스인과 로마인들은 이 기원전의 계산기, 주판을 자신들의 목적과 기수법에 맞게 바꾸었다. 주판은 16세기까지 대중적으로 사용되었고, 몇몇 아시아 국가에서는 오늘날까지도 사용된다.

시계공들이 톱니바퀴로 최초의 태엽시계 크로노미터를 만든 것이 복잡한 톱니바퀴 기술을 이용한 계산기 탄생의 순간이었다. 1623년, 독일의 천문학자이자 수학자 빌헬름 쉬카르트Wilhelm Schickard가 만든 계산기는 톱니바퀴, 레버, 철봉, 원반 캠이 짜 맞추어진 구조로 여섯 자리 수까지 더하고 뺄 수 있었다. 그보다 좀 더 시간이 지난 1642년, 프랑스인 블레즈 파스칼Blaise Pascal이 개발한 덧셈·뺄셈 계산기는 '파스칼린pascaline'이라고 불렸다. 착실하고 발명을 잘하던 파스칼은 계산기를 만들어 세무 공무원인 아버지를 도우려 했다.

같은 시대에 발명된 계산자도 수학에 있어 획기적인 사건이었는데, 계산자로 복잡한 대수를 계산할 수 있었다. 당시 고트프리트 빌헬름 라이프니츠Gottfried Wilhelm Leibniz는 근대식 계산기와 현대 컴퓨터의 중요한 선구자였다. 실로 다재다능했던 라이프니츠는 철학자, 역사가, 외교관, 정치가, 법관으로서 17세기 말에서 18세기 초까지 살았던 인물이다. 또 물리학자이자 수학자이기도 한 라이프니츠는 기계식 계산기를 연구하던 중에 소수의 숫자코드로 하는 계산 과정이 너무 복잡하고 까다롭다는 사실을 곧 발견했다. 그는 2진법으로 계산하는 게 훨씬 간편하다는 것을 알아냈다. 이 2진법 코드의 발명은 20세기 컴퓨터 개발에 가장 중요한 토대가 되었다. 모르스 전신부호가 짧은 톤과 긴 톤의 배열로 모든 수와 철자를 나타내는 것과 유사하게 컴퓨터는 전기와 전기가 끊긴 임펄스(매우 짧은 시간 동안 많은 양이 흘렀다가 곧 그치는 전류 – 옮긴이)에 의해 모든 철자 및 수의 조합을 표현할 수 있다.

톱니바퀴로 작동되는 기계식 계산기는 산업시대에 대단한 진전을 보였다. 19세기 말에 이미 경제 호황을 맞은 미국의 소매업자들은 기능이 뛰어난 금전 등록기를 사용했다. 행정 분야도 이 급속한 발전에 보조를 맞추어야 했다. 성능이 우수한 타자기가 개발되고 점차 전기로 작동하는 추세로 옮겨갔다. 그리고 펀치카드 기술(카드에 뚫린 구멍과 막힌 구멍으로 2진수를 나타낸

1623년 빌헬름 쉬카르트가 만든 효율적인 계산기.

장치 – 옮긴이)로 마침내 현대식 기계의 프로그램이 가능해졌다. 19세기 초, 프랑스인 자카드Jacquard는 펀치카드 조절 장치의 초기 형태를 개발해 방직기에 이용하기도 했다.

정보처리 분야에서 지금까지 만들어진 발명품과 개발된 아이디어는 모두 1941년 독일인 콘라트 추제Konrad Zuse가 제작한 기계에 모였다. 미국의 사무기계 회사 IBM이 1935년에 복잡한 곱셈에 시간이 1초밖에 걸리지 않는 펀치카드 기계를 먼저 소개했지만 콘라트 추제는 그보다 한 걸음 더 나아갔다. 추제가 1938년에 만들어 '추제1'이라 부른 최초의 원형 모델에 이어 나온 후속 모델 '추제3'은 전기 계전기 기술로 프로그램을 조절하고, 2진법 코드를 기반으로 매우 복잡

한 계산을 할 수 있었다. 방 하나를 다 차지하는 이 거대한 계산기는 공식적으로 '컴퓨터'라는 이름을 얻은 최초의 계산기가 되었다. 1940년대, IBM과 추제는 최고의 컴퓨터 기술을 두고 치열한 경쟁을 벌였다. 그 당시에도 이미 빠른 계산 속도와 대량의 정보 수용 능력이 기술력의 관건이었다. 제2차 세계대전 당시 현대식 계산기를 군사 목적으로 쓰려던 정책도 컴퓨터의 급속한 발전을 부채질했다. 컴퓨터에서 가장 중요한 기술적 기반이 마련된 후, 컴퓨터 기술 개선에 더욱 집중했다. 이때 단순히 계산 속도만 빠르게 하는 게 아니라 파일 저장매체에 대량 정보를 저장하는 가능성도 연구되었다. 그와 동시에 기계와 저장매체의 부피도 점점 더 작아지고 사용하기도 더욱 간편해졌다.

> 1910년 베를린에서 출생한 콘라트 추제는 건축기사로 일하며 까다로운 정역학 계산을 자동 계산기로 간편하게 하려는 생각을 해냈다. 1937년, 그는 일기장에 다음과 같이 썼다. "나는 대략 1년 전부터 기계적인 뇌를 구상해왔다." 추제의 연구 결과에 의해 전기로 작동하는 기계식 계산기 Z1이 탄생했다. 1년 후에 추제는 더 발전된 모델 Z2를 만들고, 마침내 프로그램이 가능한 우수한 컴퓨터, Z3을 개발했다.

과거에 부피가 커서 운반하기 어려운 상자 형태의 컴퓨터는 오늘날 편리한 개인용 컴퓨터로 발전해 사람들은 컴퓨터를 책상에 놓고 사용한다. 이 발전은 전기 임펄스를 넣고 조절하는 작은 반도체 구성재인 트랜지스터 기술 덕분이다. 이 반도체 기술은 더 작고 성능이 더 우수한 마이크로칩으로 교체되었다. 오늘날 컴퓨터는 사무실과 가정에 없어서는 안 되는 기계가 되었다. 그리고 노트북 컴퓨터는 휴가 및 출장 여행에서도 유용하게 쓰인다.

월드 와이드 웹World Wide Web은 1990년대부터 컴퓨터 세계에 또 한 번 새로운 차

컴퓨터 기술의 아버지로 통하는 콘라트 추제.

원을 열었다. 이때부터 전 세계의 수많은 컴퓨터 사용자들이 네트워크를 통해 정보 교환을 할 수 있었다. 영국의 물리학자이자 수학자 팀 버너스-리Tim Berners-Lee 가 바로 WWW의 아버지다. 그는 유럽 원자핵 공동 연구소 세른CERN에서 일하고 있었다. 당시 공동 연구소 중 몇몇 실험실은 프랑스에 있고, 또 다른 실험실은 스위스에 있어 서로 정보 교환이 어려웠다. 1989년, 버너스-리가 이 문제를 해결하기 위해 연구한 결과가 바로 WWW의 원형 모델이다.

"컴퓨터는 인류의 논리적인 발전이다. 즉 도덕이 결여된 지능이다."
_ 존 오스본John Osborne

44

세탁기

지긋지긋한 빨래 노동으로부터의 해방

두드리고, 비비고, 주무르고, 비틀어 짠다. 이처럼 과거의 세탁부들은 땀을 흘리며 근육 노동에 많은 시간을 들였다. 오늘날은 고성능 세탁기가 등장해 뼈 빠지는 세탁부 직업을 없앴고, 최근의 세탁기는 친환경적이기까지 하다. 최초의 전자동 세탁기는 1946년에 시장에 나왔다.

세탁부의 일은 매우 고되고 힘이 많이 들었다. 세탁부는 적은 임금에도 더러운 빨래를 빠느라 뼈 빠지게 일해야 했다. 큰 힘을 들여 빨래를 하는 과정은 그래도 시간이 오래 걸리지는 않았다. 이어 빨래를 말리는 일이 남아 있었다. 이때 다시 한 번 고된 근육 노동이 들어가야 했다. 우선 빨래를 비틀어 짠 후 빨랫줄에 거는 일도 큰 힘이 들었다.

전형적인 여성 직업에 속했던 세탁부의 작업을 손쉽게 해야겠다는 생각을 하필 남성 발명가들이 한 이유는 여성을 위하는 친절함에서가 아니라 다른 중요한 목적에서였다. 장기적 인력 절감과 효율적인 세탁이 그 목적이었다. 18세기 중반 레겐스부르크의 신학자는 '뤼르플뤼겔 기계('휘젓는 날개가 있는 기계'라는 뜻 - 옮긴이)'를 발명했다. 이 기계는 통 안에 돌아가는 날개가 설치되어 있었다. 통 안에서 나무 날개가 세탁물, 물, 비누를 휘저어 오물을 떨어내는 원리였다. 하지만 기계를 돌릴 때 여전히 사람이 팔힘을 써야 했다.

당시 미국에서도 손세탁을 좀 더 수월하게 하려고 연구했다. 1797년 너새니얼 브릭스^{Nathaniel Briggs}가 세탁기 특허권을 신청했다. 내부에 빨래판이 들어 있는 이 세탁기는 물과 비누를 넣고 빨래판 위에 세탁물을 굴리고 돌리며 자루가 굽은 핸들로 빨래를 꾹꾹 눌러대는 것이었다. 이런 방식으로 빨래의 오물을 빼냈다. 그로부터 50년이 더 지난 후, 드럼세탁기의 초기 모델이 개발되었지만 그것 역시 항상 손으로 돌려야 했다. 이 새 드럼세탁기를 널리 퍼뜨리기 위해 세탁 과정을 보여주는 쇼가 열렸다. 새로운 기술 쇼를 본 사람들은 대단히 놀라워했다. 이 놀라운 세탁기는 단 5분 만에 남성용 셔츠 20장을 깨끗하게 세탁할 수 있었다. 이제 노동시간과 땔감을 엄청나게 절약할 수 있었다. 왜냐하면 그간 빨래는 뜨거운 물로 빨아야만 남에게 떳떳이 내보일 수 있을 만큼 깨끗해졌기 때문이다.

1901년, 미국인 앨버 J. 피셔^{Alva J. Fisher}는 전기로 돌아가는 세탁기를 만들어 세탁기 시장에 새로운 발전을 불러왔다. 하지만 최초의 전자동 세탁기가 나올 때까

1958년 파리 산업 박람회. 세탁소용 대형 드럼 세탁기를 선보였다.

지는 그로부터 반세기가 더 지나야 했다. 1946년 미국에 기적의 전자동 세탁기가 등장하고, 1951년부터는 독일 시장에도 나왔다. 새 전자동 세탁기가 무척 비싼 까닭에 몇몇 사업가들은 세탁기를 가정에 빌려주는 아이디어도 생각해냈다. 그때 최초의 세탁방도 문을 열었다.

현대의 전자동 세탁기는 빨래만 깨끗하게 하는 게 아니라, 특히 친환경적이면서, 컴퓨터로 조종되는 큰 전자 기계나 다름 없다. 현대의 세탁기는 전기와 물을 예전보다 더 적게 쓰고 세제를 조금만 넣어도 충분하다. 최신 세탁기는 컴퓨터 장치가 되어 있어 오염 정도 및 세탁량을 자동으로 인식해 아주 효과적으로 빨래를 할 수 있다. 또 대량 세탁에 사용되는 특수 세탁기도 있다. 특히 병원에서는 세탁물 투입구와 배출구가 분리된 특수형 세탁기를 사용하며, 이 방식으로 철저한 위생 기준을 만족하는 무균 세탁을 할 수 있다.

45

로봇

인공지능으로 움직이는 부지런한 일꾼

사람들은 수백 년 전부터 생활을 편리하게 해주는 기계 인간을 꿈꾸어왔지만, 그 꿈은 20세기가 되어서야 현실이 되었다. 1950년, 최첨단 기술이 장착된 양철 거북이 두 대가 만들어졌다. 이 실험 로봇의 이름은 엘지와 엘머였다.

≫ 1921년 체코의 작가 요제프Josef와 카렐 카펙Karel Capek이 미래파 극작품에서 기계
인간을 주인공으로 삼았다. 작가들은 그 철인을 로보터라고 불렀는데, 부역이나
강제노동을 뜻하는 슬라브어 '로보타 robota'에서 유래한 이름이었다. 당시만 해도
SF소설의 소재였던 것이 오늘날에는 현실이 되었다. 인조인간 로봇은 수많은 분
야에서 사람들의 일을 대신하거나 덜어주는, 최첨단 과학기술로 만들어진 기계
다. 예를 들어 로봇은 자동차 산업에서 각 제조팀이 진행하는 정밀한 용접 작업
에 이용된다. 또 폭탄이 든 것으로 의심되는 짐을 조사하거나, 광산에서 폭발물
을 제거하는 위험한 상황에도 투입된다. 그리고 로봇은 심해 잠수 탐사 및 행성
탐사에도 사용되고, 가정과 정원에서 먼지를 빨아들이거나 잔디를 깎는 도우미
로도 쓰인다.

학문적 정의에 의하면 로봇은 스스로 움직일 수 있으며 원격제어를 통해 특정
행위를 실행하는 게 아니라 독자적으로 작동하도록 프로그램되어 일을 수행하는
기계를 말한다. 과학 기술의 위계에서 매우 높은 상위에 있는 로봇은 컴퓨터와 자
유롭게 움직이는 자동 기계가 최적으로 결합된 특수한 종류의 기술 집합체.

18세기의 발명가 볼프강 폰 켐펠렌이 체스를 두는 투르크족
을 재현했다.

사람의 업무를 자동기계로
대신하려는 꿈은 매우 오래된
것이다. 기계학이 고도로 발전
되자 그 꿈을 실현할 수 있는
추진력이 생겼다. 1769년 오스
트리아-헝가리 출신의 궁정관
리인이자 발명가 볼프강 폰 켐
펠렌Wolfgang von Kempelen은 터번을
둘러 동방인처럼 만든 인형 내
부에 스프링 장치를 넣어 유명

한 '체스 두는 투르크인'을 만들었다. 이 인형은 체스 경기에 등장해 사람을 상대로 체스를 두어 큰 인기를 끌었다. 자동인형 속에 장치된 기계학은 매우 정교했다. 하지만 사실은 자동인형이 체스를 둔 게 아니라 기계 속에 숨은 난쟁이가 인형을 조종한 것이었다.

사람일까, 기계일까? 2010년에 제조된 일본제 여자 로봇.

초기의 자동인형은 기동성보다는 정보처리 및 평가를 독자적으로 처리한 후에 그 결과를 통해 보이는 행동이 관건이었다. 이 모든 것은 컴퓨터 기술이 더욱 발전해 작업 과정을 프로그램화할 수 있게 되면서 비로소 가능해졌다. 이 때부터 움직임이 매우 적었던 기계를 어느 정도 움직일 수 있게 하고, '감각기관'을 장치함으로써 기계가 스스로 움직이는 과정을 조정하는 데 주력했다. 이 일은 1950년, 거북이 모양으로 만들어진 전설적인 두 로봇 엘지와 엘머에게 광전관을 장착해 명암을 구별할 수 있게 함으로써 가능해졌다. 이 방법으로 엘지와 엘머는 스스로 광원이 설치된 충전소에 도착할 수 있었다. 23년 후 일본 학자들은 부차적으로 소리 신호에도 반응하고, 만지고, 앞쪽으로 이동할 수 있는 로봇을 개발했다.

새로운 로봇과학기술의 발전에는 '인공지능'이 결정적인 요소다. 기계는 사람과는 달리 독자적·논리적으로 생각할 수 없기 때문이다. 학자들은 인공지능 분야를 더욱 발전시키기 위해 서로 다른 분야를 연계해 연구한다. 하지만 로봇이 아무리 잘 움직이고 정밀하고 빠르고 효과적이고 '자체적으로' 작업한다 해도 로봇에게는 인간이 결정을 내리는 데 가장 중요한 요소들, 즉 감정과 논리가 결여되어 있다.

46

레이저

자르고 읽고 재고… 만능 광선의 힘

레이저 광선은 산업과 의학 분야뿐만 아니라 측량과 전자오락 등, 모든 분야에 두루 이용된다. 빔의 획기적 발견은 천재 알버트 아인슈타인의 이론에 기초를 둔다. 아인슈타인의 이론을 실제로 적용해 1960년 미국의 물리학자가 최초의 레이저 기계를 만들었다.

≫ SF소설에서는 서부영화에서처럼 납 총알이 든 총이 아니라 레이저 총을 쏘는 결투가 벌어진다. 이 강력한 빛 에너지를 발견한 사람은 미국의 물리학자 시어도어 메이먼Theodore Maiman이다. 1960년, 메이먼은 자신이 제작한 기계로 루비에 광선을 쏘았는데, 루비를 통해 정확하게 빛의 초점을 모으는 데 성공했다. 이것으로 메이먼은 최초의 레이저 기계를 개발했다.

하지만 레이저 기계로 무엇을 해야 할지 전문가들과 발명자 자신도 잘 몰랐다. 그래서 메이먼은 "나는 문제를 찾는 해답을 발견했다"라는 말을 남겼다. 하지만 오늘날은 메이먼이 레이저라는 대단히 중요한 발명을 해냈다는 사실을 누구나 알고 있다.

레이저laser는 '유도 방출에 의한 빛의 증폭Light Amplification by Stimulated Emission of Radiation'의 약자다. 레이저 광선은 CD와 DVD의 표면을 읽어서 뛰어난 음질과 영상을 제공한다. 또 외과용 메스로도 사용된다. 레이저를 이용해 시력 교정과 기타 의료 시술도 한다. 건축물 측량 및 토지 측량에도 레이저가 이용된다. 그리고 디스코텍이나 야외에서 벌어지는 화려한 레이저 쇼도 빼놓을 수 없다. 레이저의 빔 에너지로 밀리미터까지 아주 정확하게 철과 강철 등의 단단한 물질을 분리하거나 용접할 수도 있다. 하지만 레이저 광선은 단단한 강철 및 기타 금속뿐만 아니라 합성소재 가공에도 기존의 기술에 비해 탁월한 장점을 자랑한다.

물리학자 알버트 아인슈타인의 빛의 현상에 대한 연구 내용이 레이저 기술의 기본 개념과 원동력이 되었다. 빛이 개별 에너지 입자로 이루어졌으리라는 아인슈타인의 추측은 확신으로 바뀌었고, 그는 빛의 입자를 광자라 불렀다. 아인슈타인에 따르면, 다발로 묶인 광자들이 특정한 방향으로 진행해서 광선이 된다는 것이다. 이 이론은 빛에 대한 계속적인 연구에 기초가 되었다. 아인슈타인은 1916년에 이미 '유도 방출' 이론을 발전시켰다. 즉 에너지가 강한 빛을 쏘인 물질이 빛의 입자를 방출한다는 이론이었다.

에나 첨단기술 연구소의 현대 레이저 기술.

아인슈타인의 가설적 이론은 1928년, 미국 학자 루돌프 라덴부르크^{Rudolf}
Ladenburg의 실험에서 처음으로 증명되었다. 여러 물질의 원자들이 전기 에너지나
빛 줄기에 쏘여 자극을 받으면 빛의 입자, 즉 광자가 방출된다는 사실이 밝혀진
것이다. 원자들에게 계속 에너지를 공급하면 연쇄반응이 일어난다. 연쇄반응이
란, 광자들이 빛을 쏘인 물질 속에 있는 다른 원자들을 자극해 이 원자들이 다시
금 빛의 입자를 생산하는 현상을 말한다. 이 연쇄반응을 레이저 기계 내에서 일
으키기 위해 기계 속에 마주선 거울 두 개가 장치되어 있다. 두 거울 사이를 광자
들이 쏜살같이 이리저리 움직인다. 이런 방법으로 점점 더 많이 생산된 빛의 입
자들이 두 거울 중 한 거울에서 이탈함으로써 레이저 기술의 전형적인 광선 빔
이 생산된다. 레이저라는 획기적인 발명을 한 시어도어 메이먼은 노벨 물리학상
후보에 두 번이나 올랐다. 하지만 메이먼이 아닌 다른 물리학자가 매번 노벨상
수상자로 선정되었고, 메이먼은 2007년에 사망했다.

47

피임

임신의 결정권을 가져오다

여성들은 원치 않는 임신을 피하기 위해 수백 년 전부터 다양한 피임 도구를 사용해왔다. 중세에도 이미 약 20가지의 피임 방법이 알려져 있었다. 양의 내장으로 만든 콘돔이 1961년 독일 시장에 판매된 피임 알약으로 발전하기기까지, 참으로 오랜 세월이 걸렸다.

피임의 역사는 고대로 거슬러 올라간다. 로마, 그리스, 이집트에서 이미 여성들은 원치 않는 임신을 피하려고 했다. 특히 매춘부들이 임신의 위험을 낮추기 위해 노력했다. 결혼한 여성들 역시 자식을 너무 많이 낳지 않으려 했다. 때문에 온갖 수단을 동원해 정자가 자궁 입구 내로 들어오는 것을 막으려 애썼다. 이집트 여성들은 기원전 1500년경부터 성행위 전에 질 속에 도구를 삽입해 피임을 했다. 그것은 으깬 아카시아 잎과 꿀을 섞은 혼합액에 거즈 붕대를 적셔 만든 탐폰이었다. 아카시아 잎은 정자를 죽이는 젖산을 함유한다. 삼나무 기름, 납 연고, 유향으로 만든 연고도 피임 효과가 있었지만, 함유된 납 성분 때문에 건강을 해치는 문제가 있었다.

1000년경에 이미 진보적 의사들은 다양한 피임법 20가지를 알고 있었다. 여성이 사용하는 콘돔 종류도 그 시대에 개발되었는데, 고무로 된 페서리^{pessary}처럼 질 안에 두건 같은 것을 넣어 정자가 들어오는 통로에 막을 치는 기구였다.

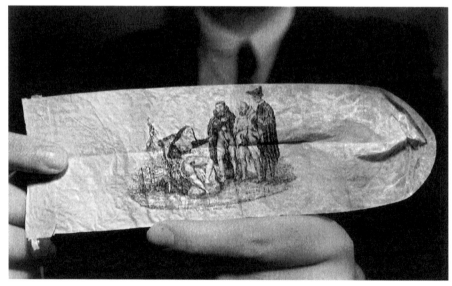

역사적인 피임 도구. 동물 가죽으로 만든 콘돔에 성애 장면이 그려져 있다.

남성들은 옛날부터 적극적으로 피임하기를 싫어했다. 남성들이 피임도구를 사용하는 경우는 임신을 방지하기보다는 성병에 걸리지 않기 위해서였다. 중세부터 남성들이 사용한 천 소재로 만든 최초의 콘돔들은 효과가 그다지 좋지 않았다. 당시 콘돔은 정자도 병균도 그대로 통과시켰다. 때문에 곧 피임 효과가 더 우수한, 동물 내장으로 만든 콘돔이 나왔다. 전설적인 바람둥이 카사노바도 천연 소재의 콘돔을 사용했다고 한다. 1839년, 찰스 굿이어Charles Goodyear(오늘날에는 그의 이름을 딴 자동차 타이어가 떠오른다)가 고무 경화법을 개발하자 '성' 분야에도 혁명이 일어났다. 1855년, 굿이어는 최초의 고무 재질 콘돔을 시장에 내놓았다.

1960년 6월, 피임약의 등장으로 성의 혁명이 일어났다. 미국에서 개발된 피임약은 전 세계로 퍼져 나갔다. 약제 피임 연구는 20세기 초부터 시작되었다. 이제 '피임약'은 원치 않는 임신을 피하기 위해 사람들 대부분이 쓰는 피임법으로 발전했다.

피임약은 여성 호르몬인 에스트로겐과 게스타겐을 함유한다. 현재는 피임약이 가장 안전한 여성 피임 도구로 알려져 있다. 약이 체내에서 여성 호르몬 체계에 인위적인 영향을 주어 임신이 된 상태처럼 속이는 것이다. 그러면 신체는 정자에 대한 방어 태도를 보인다. 에스트로겐과 게스타겐 호르몬은 여성의 체내에서 자연적으로 생성되기도 하는데, 특히 임신이 되었을 때 생겨난다. 임신이 되면 게스타겐 호르몬이 증가해 새로운 난자의 성숙을 막는다. 이는 자연적인 방어 과정인데, 이 과정을 피임약을 통해 의도적으로 불러일으키는 것이다.

"10대 소녀들은 어머니들이 출산에 대해 아는 것보다 피임약에 대해 더 많이 안다." _ 더스틴 호프만Dustin Hoffman

48

우주 비행

지구 밖으로, 별을 향한 길

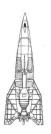

원시시대 사람들도 하늘을 쳐다보는 순간, 황홀함에 빠져 별에 대해 알고자 하는 소망을 품었다. 하지만 기술은 20세기 초가 되어서야 비로소 우주여행을 진지하게 생각할 수 있을 만큼 발전했다. 그리고 기술은 더욱 발전을 거듭해 무인 및 유인 우주비행을 거친 후 1969년에는 달에 발자국을 남겼다. 이 한 사람의 작은 발걸음은 인류의 결정적인 발걸음이 되었다.

≫ 이미 수천 년 전에 사람들은 밤하늘에 무수하게 반짝이는 별을 관찰하다가, 둥그런 달이 차가운 빛을 던질 때면 질문을 거듭하곤 했다. 인류 태초의 꿈은 아마 하늘과 하늘의 비밀을 푸는 단서를 찾는 것이었으리라. 하지만 선사시대의 도구로는 하늘의 비밀을 캘 수 없었고, 기술이 충분히 발달할 때까지 기다려야 했다.

20세기 초, 드디어 우주에 대한 본격적인 이론이 확립되면서 실제 실험을 할 수 있는 시대가 무르익었다. 1903년, 러시아의 콘스탄틴 치올코프스키Konstantin Ziolkowski는 우주로 향하려면 어마어마한 에너지가 필요하다는 사실을 깨달았다. 그리고 치올코프스키는 머릿속으로 이미 우주여행을 위한 자세한 시나리오도 구상했다. 연료를 태워 가스를 생산할 수 있는 추진기가 필요했다. 우주로 날아가는 데 필요한 추진력을 얻으려면 분사관에 가스를 주입해야 했다. 치올코프스키의 이 기본 원리는 현재까지 로켓 기술의 기초로 쓰인다. 미국인 로버트 고다드Robert Goddard가 1926년 하늘에 작은 실험 로켓을 쏘아 올렸을 때도 치올코프스키의 이론을 기초로 로켓을 제작했다. 2000m까지 높이 올라간 고다드의 로켓은 속도가 음속에 가까웠다.

하지만 러시아와 미국에서만 우주여행의 선구자들이 활동한 것은 아니었다. 독일에서도 우주여행 연구와 실험이 진행됐다. 1923년, 의학자이자 물리학자 헤르만 오베르트Hermann Oberth는 중요한 아이디어와 지식을 기술한 학술서 《행성 공간으로 가는 로켓Die Rakete zu den Planetenraumen》을 출간했다. 오베르트도 작은 로켓을 실험하면서 지금까지 도달하지 못한 높은 곳으로 로켓을 쏘아 올리기 위한 충분한 추진력을 내는 효율적 연료는 액체연료뿐이라는 사실을 확인했다. 몇 년 후, 독일의 로켓 기술 연구는 군사 목적을 위해 한층 가속화되었다. 독일은 절망적인 전쟁 상황에서 기적의 무기를 필사적으로 연구했다. 이때 베른헤어 폰 브라운Wernher von Braun이 기적의 무기 개발 임무를 주도적으로 맡았다. 독일인들은 군 역사 최초의 순항 미사일(적의 레이더를 피해 초저공비행이나 우회 항행을 할 수 있는 미사일 – 옮

자신이 제작한 로켓의 출발을 안전한 거리에서 관찰하는 로버트 고다드.

긴이) 'V1'을 제작해 런던과 벨기에의 도시 안트베르펜을 향해 쏘았다. V1은 수많은 인명을 앗아가고 엄청난 파괴를 부른 흉측한 무기였다. 철자 V는 '보복 무기 Vergeltungswaffe'의 약자였다.

독일이 항복한 후 미국은 베른헤어 폰 브라운이 지휘하는 연구팀을 데리고 갔다. 독일 기술자들은 미국에서 개발 작업을 계속해 목표지 소련에 도달할 수 있는 핵탄두를 실은 대륙간 탄도 미사일 제작에 나섰다. 그 밖에 군사 목적이 아닌 민간용 우주비행도 연구한 폰 브라운은 1960년대에 인공위성 운반용 로켓 '새턴5'도 개발했다. 이 새턴5 로켓으로 달을 향해 승무원이 탑승한 '아폴로' 캡슐을 쏘았다.

베른헤어 폰 브라운이 지휘하는 연구팀은 무기 개발에서 한 걸음 더 진전했다. 폰 브라운이 공동 개발한 'V2'는 1942년 우주로 보낸 최초의 로켓이 되었다. V2는 이미 현대의 로켓과 매우 유사한 모양이었다. 로켓은 14m 높이에 무게가 거의 14t에 달하고, 비행 고도 85㎞, 시속 4800㎞로 음속의 5배와 맞먹는 속도를 냈다.

제2차 세계대전이 끝난 후 소련도 독일의 로켓 제작 기술을 확보했다. 소련 역시 'V2' 미사일을 기초로 미국과 나토 동맹국을 향해 쏠 핵탄두 로켓을 제작했다. 동서 냉전 상태가 지속되었다. 그러나 소련과 미국이 군사 목적으로만 개발 경쟁을 한 것은 아니었다. 경쟁하는 강대국들은 유인 우주여행을 위해 열띠게 연구했다. 그 연구는 국가의 권위를 세우기 위해 엄청난 비용을 들인 기획이었다. 소련 로켓 제작자들이 먼저 인공위성 운반용 로켓을 제작하는 쾌거를 올렸다. 소련의 로켓은 안정성을 신뢰할 수 있었다. 그 로켓으로 1961년, 당시 27세였던 우주비행사 유리 가가린Juri Gagarin을 우주로 보냈다. 그가 우주로 향한 최초의 인류였다. 우주비행은 108분간 이어졌고, 가가린은 327km의 높이에 도달했다. 우주에서 가가린은 우주 캡슐 보스토크 1호의 작은 채광창으로 녹색 행성 지구를 내려다보았다. "나는 지구를 본다, 지구는 참으로 아름답다." 가가린이 한 이 말은 우주비행 역사에 올랐다. 가가린의 우주비행도, 안전하게 이루어진 지구 착륙도 큰 성공이었다.

이 성공을 위해 오랜 연구를 해온 소련은 1957년에 이미 인공위성 스푸트니크 1호를 우주에 쏘아 올렸다. 같은 해에 최초의 생명체인 암컷 셰퍼드 '라이카'를 우주에 보냈다. 비록 라이카는 우주비행에서 살아남지 못했지만 우주 파견은 대단한 성공으로 평가되었다. 당시 우주비행에서는 소련이 현격하게 앞서 나갔다. 특히 1959년, 소련은 매우 어려운 고비를 넘기고 무인 탐사선 루나 2호를 달에 최초로 착륙시킴으로써 우주개발 선도국의 위치를 확고히 했다.

소련의 성공에 대응해 미국은 우주비행 프로젝트에 수십억 달러를 쏟아부으며 유인 우주비행선의 달 착륙 성공으로 절대적인 우위를 누리고자 했다. 인간으로서 달에 최초의 발자국을 찍는 일은 기필코 미국 우주비행사가 해야 한다고 생각했다. 달 착륙은 1969년 7월 20일에 이루어졌다. 닐 암스트롱^{Neil Armstrong}이 남긴 "인류를 위한 작은 발걸음"이라는 말은 인류에게 대단한 의미를 주는 발걸음이었다. 이어 소련과 미국 양측의 수많은 우주비행 프로젝트가 성공한 이후 우

최초의 우주 동물 실험은 당시 소련 전체의 경사였다. 루마니아에서 발행된 우주견 '라이카' 기념우표.

1965년 파리에서 거행된 우주비행 쇼에서 하늘의 정상에 오른 사람들이 만났다. 소련의 우주비행사 유리 가가린(가운데)이 미국 우주비행사들과 악수를 나누고, 미국 부통령 힘프리와 프랑스 수상 퐁피두가 기뻐하는 모습.

주비행사들이 목숨을 잃는 사고가 발생하기도 했다. 이에 소련과 미국은 국제 우주정거장ISS 프로젝트에 더 많이 협력하기 시작해 2000년부터는 양국의 승무원을 보냈다.

"지금이 바로 거대하고 새로운 미국의 기획을 위한 시대다… 나는 미국이 이번 10년 내에 사람이 달에 착륙한 후 안전하게 지구로 돌아오는 목표를 세워야 한다고 생각한다." _ 존 F. 케네디

서유럽에서도 1970년대에 자체적인 우주 프로그램을 계획했다. 유럽우주국ESA은 국가의 위신을 세우는 일보다 학문적 연구에 더 큰 비중을 두었다. 인공위성

이 지원하는 새로운 통신기술인 전화, 텔레비전, 라디오 방송, 내비게이션에 송수신 모듈을 지구 궤도 안으로 가지고 들어와야 했다. 그 일은 적합한 로켓 기술만 있으면 가능한 훌륭한 사업이었다. 유럽 로켓 프로젝트 아리안은 숱한 실패를 거듭한 후 마침내 그 일에 성공했다. 1988년, 최초의 아리안 로켓이 유럽 우주기구의 기상 위성 '메테오자트'를 궤도 내에 쏘아 올렸다.

"지금 지구에서 온 남성들이 달에 최초의 발자국을 찍었다. 1969년 7월, 우리는 전 인류를 위해 평화롭게 왔다." _ 우주비행사들이 세운 기념패의 문구.

49

대체에너지

암울한 미래를 막기 위한 인류의 대처

화석연료는 한계가 있다. 이 예측은 인정하기 싫지만, 언제가는 닥쳐올 인류의 암울한 미래다. 1973년 오일쇼크로 비로소 에너지에 대한 사고의 대전환이 일어났다. 그 후로 인류는 효율적이면서도 환경친화적인 대체에너지 개발에 많은 노력을 기울이기 시작했다.

모든 자원은 언젠가는 고갈된다. 현재 세계에서 가장 많이 사용되는 화석연료도 예외일 수 없다. 사람들은 1973년의 오일쇼크로 석유 공급관이 잠기면 어떻게 되는지를 분명히 알게 되었다. 당시 석유수출국기구^{OPEC}의 아랍 회원국들이 연료 공급을 중단한 이유는 아랍이 이스라엘을 공격한 욤 키루프 전쟁 중에 이스라엘에 정치적 압력을 가함으로써 아랍 연맹의 위력을 행사하기 위해서였다. 당시 석유 공급은 단 5%만 중단되었지만 그 결과, 전 세계의 경제 경기 후퇴, 차량통행 금지, 자동차가 통행하지 않는 일요일, 주유소에 엄청나게 이어진 대기 행렬 등의 현상들이 빚어졌다.

한편 석유수출국기구가 내놓은 공포의 시나리오는 긍정적인 면도 있었다. 이제 석유가 모자란다는 인상을 뚜렷하게 받은 정치가, 경제 전문가, 학자들이 원료의 고갈을 심각하게 받아들였다. 여기에 환경주의자들도 가세해 대체에너지에 대해 논의하기 시작했다. 당시는 대체에너지로 무엇보다 태양 에너지가 널리 홍보되었다. 활짝 웃는 태양이 그려진 자동차 스티커가 도처에 붙었다. 하지만 여전히 많은 사람들은 태양 에너지가 대체에너지 따위의 헛소리를 지껄이는 이들의 쓸데없는 생각이라고 무시했다. 하지만 오늘날은 수많은 주택, 사무실, 산업체 건물 지붕에 태양 에너지를 만들어내는 태양열 집열기가 설치되어 있다.

1979~1980년, 오일 위기가 다시 한 번 닥치자 한 연구팀은 스페인 도시 알메리아 부근에 태양 에너지를 위한 거대한 연구 시설을 짓기 시작했다. 독일과 스페인 학자들이 햇빛 자원이 풍부한 타버나스 사막 지역에서 태양열 발전소를 가동하면 충분한 에너지를 얻을 수 있는지 실험했다. 이 실험을 통해 이미 오래전에 거대한 포물면경으로 햇빛을 포착하는 효율 높은 태양열 발전소가 건설되었다. 그리고 어느새 스페인 지방 그라나다의 유럽 최대 태양열 발전소에서 50만 명이 쓸 수 있는 전기를 생산한다. 수집된 열기에 의해 전기를 생산하는 터빈 시설이 돌아간다. 열 저장 시스템 덕에 해가 진 후에도 전기를 생산할 수 있다. 미

태양과 바람에서 나오는 에너지. 태양열 기술과 현대식 바람개비.

래를 내다보는 사람들은 아프리카 사막 지대에도 태양열 발전소를 설치하겠다는 꿈을 꾼다. 여기서 문제 되는 게 있다면 물론 사막에서 멀리 떨어져 있는 사용자에게 에너지를 수송해 주는 일이다.

주택 지붕에서 생산된 태양열 에너지를 사용처에 비축해두는 과정은 비교적 간단하다. 샤워하는 물을 데우기 위한 열 공급에는 태양열을 직접 사용할 수 있다. 주택 태양열 시설의 단점은 유럽 위도의 햇볕이 사막에서만큼 아주 뜨겁지 않다는 환경 조건이다. 1년 중에 해가 나지 않는 날들이 많기 때문이다.

태양열로 목욕물을 데우기 위해 주택 지붕에 있는 태양열 집열기 밑에 설치된 배관망에 물을 흐르게 한다. 햇볕이 물을 데워 주택 내부에서 온수로 사용할 수 있다. 하지만 광발전기 시설로 태양 에너지를 전기로 전환해 이용하는 건 과정이 다르다. 이때는 햇볕이 태양전지에서 곧바로 전기 에너지로 전환되고, 이 전기 에너지가 에너지 공급 회사의 전선 망으로 보내지면 주택 소유주가 전기를 구입해 집에 설치된 도선으로 보내는 것이다.

독일에서 에너지 공급의 약 2%를 도맡는 태양 에너지 외에 풍력도 에너지 공급원으로 쓰인다. 거대한 풍력기로 에너지를 수집하는 것이다. 대륙 해안이나 바다 연해 시설 그리고 그 밖에 바람이 많이 부는 지역에 거대한 풍력 발전소가 설치되어 있고, 그곳에 현대식 풍력탑이 나란히 줄지어 서 있다. 바람개비의 회전을 통해 탑 내부에 있는 터빈이 가동되어 전기가 생산되면 곧장 공급망으로 보낸다. 바람을 에너지원으로 사용하려는 생각은 매우 오래전부터 있었다. 고대와 중세에 이미 풍차가 돌아갔다. 바람이 나무 풍차의 날개 속으로 불면 거대한 회전자가 움직이기 시작한다. 이 에너지가 목책과 톱니바퀴를 거쳐 물레방아로 전달되어 곡식이 가루로 가공되는 것이다. 몇몇 역사적인 물레방아 속에 있는 이 기계 장치는 오늘날에도 놀랍기 그지없다. 풍력의 단점은 과거나 현재나 바퀴를 돌릴 수 있을 만큼 충분한 바람이 항상 불지 않는다는 것이다. 그래도 풍력은 오늘날 독일의 에너지 생산에서 중요한 요소다. 2만 개가 넘는 풍차가 돌아가며 각 풍차마다 1년에 1000㎿가 넘는 전기를 생산한다(2012년). 전력 수요의 10%에 달하는 양을 풍력이 충당하며, 이를 전문가들은 40%로 올릴 수 있을 것으로 내다본다.

잡약된 수력. 미국 뉴멕시코에 있는
저수지.

바람 외에 물도 에너지를 얻는 천연자원으로서 사람들은 매우 오래전부터 물에서 에너지를 뽑아 써왔다. 바람에 비해 물의 장점은 극심한 가뭄 때를 제외하고 강물과 시냇물이 항상 흐른다는 것이다. 오늘날에는 밀물과 썰물의 어마어마한 수압을 이용해 터빈을 돌리는 조력 발전소도 있다. 하지만 고도 차이로 발생하는 물 에너지도 전기로 바꿀 수 있다. 운하 시스템을 통해 높은 지역에 있는 저수지의 물이 아래로 떨어질 때 생기는 수압으로 터빈을 돌려 전기를 만들 수 있다.

수력을 극대치로 이용하기 위해, 물레방아를 자연적으로 흐르는 강줄기에 바짝 붙여 설치하지 않는다. 대신 인공 운하에 물레방아를 설치한다. 인공 운하로 강과 시내의 물을 유도하고 둑을 이용해 강물 에너지를 조절할 수 있다. 여기서도 풍차의 경우와 유사하게 바퀴의 회전이 목책과 톱니바퀴 시스템을 거쳐 연결된 기계를 돌린다. 수력은 대부분 거대한 나무 둥치를 톱질하는 제재소 가동에 쓰였다.

사용하지 않고 남은 전기로 밤에 다시 물을 펌프질해 위로 끌어올린다. 그러니 영원히 돌아가는 순환 체계인 것이다. 하지만 지구에는 더 많은 에너지원들이 존재한다. 특히 아이슬란드는 지구 내부에서 부글부글 끓는 자원으로 유명하다. 아이슬란드에는 지열로 덥혀진 뜨거운 물이 솟는 간헐 온천이 있다. 지구 핵은 열이 5000도까지 올라간다. 뽑아 쓰기에 좋은 열원인 것이다. 더욱이 사람이 지구의 중심점까지 파고 들어갈 필요도 없다. 지열을 사용하려면 관을 통해 5000m 깊이에 있는 물을 끌어올리면 된다. 뜨겁고 깊은 땅속에서 데워진 물을 위로 끌어올려 발전소의 터빈을 돌릴 수 있다. 에너지 문제 해결을 위해 이처럼 다양한 방법으로 자연을 이용할 수 있다.

위성 내비게이션

하늘에서 보내는 길 안내

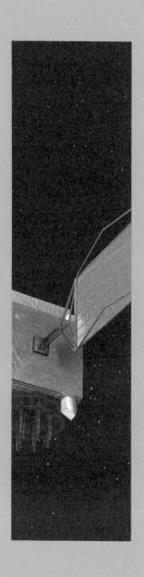

내비게이션의 역사는 별을 기준으로 방향을 잡은 것으로 시작한다. 6분의와 나침반의 발명으로 여행 경로를 더욱 정확하게 계산할 수 있었다. 현대 인공위성 기술 덕분에 오늘날은 우주에서 보내오는 신호로 매우 정확하게 목적지를 찾아갈 수 있다. 이 유명한 GPS는 1995년에 가동되었다.

맨눈으로는 하늘에 뜬 인공위성을 볼 수 없지만 인공위성은 날마다 우리 생활에 활용된다. 1957년, 최초의 위성인 소련의 스푸트니크 1호가 지구 궤도에 올려진 후로 5000개의 인공위성이 우주에 쏘아 올려졌다. 수많은 인공위성이 전 세계의 전화 수신을 위해 움직이고, 무수히 많은 텔레비전 및 라디오 프로그램을 가정에 보낸다. 그 밖에 더욱 정확한 날씨예보를 위해 기상학자들에게 중요한 정보를 전달하기도 한다. 군사 목적으로 이용되는 정찰위성은 엄청난 높이의 공중에서 적의 위치나 군대의 움직임을 깨끗하고 선명한 사진으로 전달한다. 또 인공위성은 로켓과 순항 미사일을 목표지로 적확하게 안내할 수 있다.

이 현대 길안내 기술은 일반인을 위한 용도로도 사용할 수 있다. 내비게이션은 운전자가 목적지를 잘 찾아갈 수 있게 한다. 잘 알려진 '위성항법시스템 GPS(Global Positioning System)'은 1995년에 도입되었다. GPS는 10m 영역 내의 위치를 정확하게 제공한다. GPS는 송신소와 수신소가 교환하는 무선 신호를 기반으로 한다. 송신소는 인공위성 내에 있고, 수신소는 자동차나 자전거, 손에 들고 있는 내비게이션 기계에 있다. 정확한 위치 확정을 위해서는 최소한 인공위성 4대에서 보내오는 신호가 필요하다. 인공위성 4대가 끊임없이 서로 정확한 위치 및 현지 시간대를 알린다. 위성이 이 정보를 지구로 보내면 내비게이션이 받아 활용한다. 이 정보로 초 단위로 위치를 계산할 수 있다. 이때 3차원 좌표 측정을 기반으로 한다.

네 인공위성의 최소 수신 가능성을 나쁜 조건에서도 보장하기 위해 우리 머리 위 약 2만km 높이에 떠 있는 위성들이 최대 30대까지 동원되어 목적지의 위치를 계속 찾아낸다. 그럴 때 각각의 수신자와 송신자 간에 오가는 무선 신호의 혼선을 방지할 목적으로 수신자와 송신자들은 그들만 인식할 수 있는 특수 신호를 사용한다. 인공위성과 수신소 간 빠르고 지속적인 정보 교환을 통해 cm 단위 범위 내의 구간 정확성이 생겨난다. 인공위성을 이용한 최초의 내비게이션은 1960년대에 미국이 사용했다. 인공위성을 우주에 쏘아 올리기 전에는 레이더가 비행

미국 케이프 커내버럴 우주센터가 GPS 인
공위성을 궤도로 쏘아 올렸다.

기와 선박에 방향을 지정해주는 안내 시스템 구실을 했다.

미국의 NAVSTAR-GPS와 러시아의 GLONASS가 인공위성을 이용한 내비게이션을 시작했다. 1990년대부터 가동된 두 시스템은 2012년에 개선되어 새 인공위성을 갖추었다. 2012년부터 제2세대 GPS를 사용한다. 유럽도 자체 인공위성-내비게이션 시스템을 개발하는 중이다. 하지만 갈릴레오라 불리는 이 시스템의 가동 시기는 아직 확정되지 않았다.

그 밖에 국내용 지원 위성 시스템도 구상 중인데, 이들은 전 지구 시스템의 정확성을 개선하고 전달 가능한 자료를 더욱 세밀하게 보낼 것이다. 이 최신 위성 시스템은 곧 일본에서 가동되어 주택이 빽빽하게 들어찬 일본 도시들의 길 안내를 최적화할 것이다.

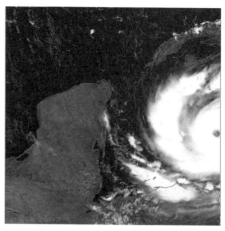

GPS 인공위성이 우주에서 지구로 위치 확정 신호를 보낸다.

해안에 닿치기 직전의 허리케인을 인공위성에서 촬영했다. 현재 학자들은 지진, 산사태, 화산폭발 등의 자연재해를 조기에 인지해 해당 지역에 제때 경고를 줄 수 있는 GPS 시스템을 개발한다.

1930년대 독일 기술자가 최초의 레이더 실험을 성공적으로 마쳤다. 영국도 레이더 분야에서 매우 큰 성과를 올렸다. 영국인들은 최초로 폭격기의 기내 레이더를 개발했다. 오늘날 비행기와 선박 운행에도 사용되는 최신 인공위성 내비게이션은 레이더를 비롯해 음향탐지기에 의한 위치 측정법을 대부분 몰아냈다.

레이더는 지향성 안테나가 매우 짧은 간격으로 전송하는 전자기파를 기반으로 한다. 전자기파는 장애에 부딪히면 반사되어 다시 안테나에 잡힌다. 송신, 반사, 수신 간의 시간 간격을 가지고 포착 대상의 거리를 계산한다. 이 신호는 화면에 가시화되어 사람이 장애물을 인식하고 우회해 날아간다. 음향탐지기도 이와 비슷한 원리로 작동한다. 여기서는 청각 신호, 음향 또는 초음파 임펄스를 보낸다. 이 원리는 선박 항해에 이용되어 수심이 얕은 곳과 기타 장애물을 경고한다.